URSULA FEHNEMANN

Die Innehabung und Wahrnehmung von Grundrechten im Kindesalter

Schriften zum Öffentlichen Recht

Band 445

Die Innehabung und Wahrnehmung von Grundrechten im Kindesalter

Von

Dr. Ursula Fehnemann

DUNCKER & HUMBLOT / BERLIN

CIP-Kurztitelaufnahme der Deutschen Bibliothek

Fehnemann, Ursula:
Die Innehabung und Wahrnehmung von Grundrechten im Kindesalter / von Ursula Fehnemann. —
Berlin: Duncker und Humblot, 1983.
   (Schriften zum öffentlichen Recht; Bd. 445)
   ISBN 3-428-05399-0
NE: GT

Alle Rechte vorbehalten
© 1983 Duncker & Humblot, Berlin 41
Gedruckt 1983 bei Buchdruckerei A. Sayffaerth - E. L. Krohn, Berlin 61
Printed in Germany
ISBN 3 428 05399 0

Vorwort

Diese Arbeit setzt sich mit einem Fragenkreis auseinander, der immer wieder in Erscheinung tritt, wo das Beziehungsgefüge Eltern — Kind — Staat in seinen verschiedenen Dimensionen untersucht wird, also auch dort, wo der Staat als Schulerzieher auftritt: der Fragenkreis um die Grundrechte der Minderjährigen. Die schulrechtliche Dimension stellt gleichsam eine Sonderform der Problematik dar, deren Behandlung die Klärung des Grundsätzlichen voraussetzt. Zu dieser Klärung beizutragen, ist das Anliegen dieser Arbeit, die in der Abteilung Recht und Verwaltung des Deutschen Instituts für Internationale Pädagogische Forschung in Frankfurt am Main entstanden ist. Die Verfasserin dankt dem Direktor dieser Abteilung, Herrn Professor Dr. Hermann Avenarius, für die Durchsicht des Manuskripts und für hilfreiche Hinweise. Sie dankt Herrn Senator E. h. Professor Dr. Dr. h. c. Johannes Broermann für die Aufnahme auch dieser Arbeit in die Reihe der Schriften zum Öffentlichen Recht.

Frankfurt am Main, den 3. 5. 1983

U. F.

Inhaltsverzeichnis

A. *Ausgangspunkt und Verlauf der Untersuchung* 11

B. *Rechtsfähigkeit* 14

    I. Die Problematik 14

        1. Die Annahme allgemeiner und besonderer Rechtsfähigkeit 14

        2. Die Annahme relativer Rechtsfähigkeit 15

    II. Rechtsfähigkeit als umfassender Begriff 16

        1. Die Einheitlichkeit der geregelten Lebensbereiche 16

        2. Die Wechselbeziehung zwischen Verfassungsrecht und einfachem Recht 17

    III. Rechtsfähigkeit des Menschen für alle Rechtsgebiete 17

    IV. Rechtsfähigkeit und bestimmte Rechte 18

        1. Die Unabhängigkeit der Rechtsfähigkeit von persönlichen Merkmalen 18

        2. Die Verknüpfung bestimmter Rechte mit persönlichen Merkmalen, insbesondere mit dem Alter 20

        3. Die Untauglichkeit der Beispiele für den Unterschied von Rechtsfähigkeit und Grundrechtsfähigkeit 20

            a) Allgemeines zum unterschiedlichen Umfang 20

            b) Die „engere Grundrechtsfähigkeit" 21

            c) Die „weitere Grundrechtsfähigkeit" 22

C. *Beteiligtenfähigkeit* 24

    I. Im Verfahren vor allgemeinen Gerichten und in behördlichen Verfahren 24

        1. Die Verwendung des Begriffes Beteiligtenfähigkeit 24

        2. Die Beziehung zur Rechtsfähigkeit 25

  II. Im Verfahren der Verfassungsbeschwerde vor dem Bundesverfassungsgericht 25

    1. Ablehnung einer Anknüpfung an bestimmte Rechte 25

    2. Befürwortung einer Anknüpfung an die Rechtsfähigkeit 27

  III. An die Beteiligtenfähigkeit geknüpfte prozessuale Grundrechte 29

D. Handlungsfähigkeit 31

  I. Die Problematik 31

    1. Begriff und Regelungen der Handlungsfähigkeit 31

    2. Die Frage nach der spezifischen Handlungsfähigkeit bei Grundrechten 32

  II. Einfachgesetzliche und grundgesetzliche Mündigkeit? 33

  III. Rechte mit und ohne Altersbindung 34

    1. Zulässige Altersbindung 34

    2. Unzulässige Altersbindung 35

    3. Handlungsfähigkeit und Mündigkeit 37

    4. Altersbestimmung als Rechtsbegrenzung 37

  IV. Maßgaben für die Festsetzung bestimmter Altersstufen 38

    1. Gesetzlich typisierte selbständige Handlungsfähigkeit 38

    2. Individuell regulierbare abhängige Handlungsfähigkeit 39

  V. Handlungsfähigkeit und elterliche Sorge 39

    1. Altersgebundene und nicht altersgebundene Handlungsfähigkeit 39

    2. Der Maßstab für die Ausübung der elterlichen Sorge 40

  VI. Prozessuale Handlungsfähigkeit 43

    1. Begriff und Erfordernis der Altersbindung 43

    2. Prozessuale Handlungsfähigkeit Handlungsunfähiger als Ausnahme 44

    3. Verknüpfung der prozessualen Handlungsfähigkeit mit altersgebundener inhaltlicher Handlungsfähigkeit 44

4. Prozessuale Handlungsfähigkeit und gesetzliche Vertretung 47
5. Der Maßstab für die prozessuale Vertretung des Minderjährigen 49

E. *Prozessuale Handlungsfähigkeit und Verfassungsbeschwerde* 51

    I. Prozessuale Handlungsfähigkeit Handlungsunfähiger 51

    II. Der Zusammenhang mit der prozessualen Handlungsfähigkeit vor allgemeinen Gerichten 52

    III. Ablehnung der Kriterien „Grundrechtsfähigkeit" und „Grundrechtsmündigkeit" 53

    IV. Keine Notwendigkeit für Spezialregelungen 53

F. *Ausblick* 55

G. *Zusammenfassung* 57

Literaturverzeichnis 60

Abkürzungsverzeichnis

AöR	=	Archiv des öffentlichen Rechts
AT BGB	=	Allgemeiner Teil des Bürgerlichen Gesetzbuches
BK	=	Bonner Kommentar
BT-Dr	=	Bundestagsdrucksache
BVerfG	=	Bundesverfassungsgericht
BVerfGE	=	Amtliche Entscheidungssammlung des Bundesverfassungsgerichts
BVerfGG	=	Bundesverfassungsgerichtsgesetz
BVerwG	=	Bundesverwaltungsgericht
BVerwGE	=	Amtliche Entscheidungssammlung des Bundesverwaltungsgerichts
DÖV	=	Die öffentliche Verwaltung
Erl.	=	Erläuterungen
EvStL	=	Evangelisches Staatslexikon (2. Aufl. 1975)
FamRZ	=	Zeitschrift für das gesamte Familienrecht
FGG	=	Gesetz über die Angelegenheiten der freiwilligen Gerichtsbarkeit
GG	=	Grundgesetz für die Bundesrepublik Deutschland
GR II	=	Die Grundrechte. Handbuch der Theorie und Praxis der Grundrechte. Band II
HessStAnz	=	Staatsanzeiger für das Land Hessen
HessStGH	=	Hessischer Staatsgerichtshof
Jura	=	Juristische Ausbildung
JöR NF	=	Jahrbuch des öffentlichen Rechts Neue Folge
JZ	=	Juristenzeitung
MünchKomm	=	Münchener Kommentar zum Bürgerlichen Gesetzbuch
RdJ	=	Recht der Jugend
RGRK	=	Kommentar von Reichsgerichtsräten und Bundesrichtern
Rz	=	Randziffer
VerwArch	=	Verwaltungs-Archiv
VvGO	=	Verwaltungsgerichtsordnung
VwVfG	=	Verwaltungsverfahrensgesetz
ZBlJugR	=	Zentralblatt für Jugendrecht und Jugendwohlfahrt
ZPO	=	Zivilprozeßordnung

A. Ausgangspunkt und Verlauf der Untersuchung

In den ersten Jahren nach Erlaß des Grundgesetzes ging es bei der Frage, wem ein Grundrecht zustehe, meist um die Unterscheidung von Bürgerrechten und Menschenrechten. Es ging um die Grundrechtsgeltung für inländische juristische Personen gemäß Art. 19 Abs. 3 GG und alsbald auch für die nicht rechtsfähigen Vereinigungen. Die Frage nach der Geltung der Grundrechte für Minderjährige wurde erst allmählich als generelles Problem aufgenommen. In dem 1954 erschienenen zweiten Band des Werkes „Die Grundrechte"[1] werden die Minderjährigen in den meisten Beiträgen gar nicht besonders genannt. Zwar finden sich Aussagen, wie zum Beispiel, Träger der freien künstlerischen Meinungsäußerung sei jeder, der sich künstlerisch äußere[2], oder Träger des Grundrechts auf Freizügigkeit seien alle Deutschen, also alle Personen, die der Legaldefinition des Art. 116 GG unterfallen[3]. Ob damit auch eine bewußte Aussage zugunsten der Minderjährigen verbunden sein sollte, bleibt jedoch offen. Der Kommentator des Petitionsrechts stellt dagegen ausdrücklich fest, daß der Petent volljährig sein müsse[4], während es für die Vereins- und Versammlungsfreiheit heißt, bei Jugendlichen oder anderen nach dem bürgerlichen Recht nicht voll handlungsfähigen Personen bestünden Beschränkungen personeller Art nicht[5]. Weiter wird aus Art. 3 Abs. 2 GG die Forderung nach gleichen Bildungsmöglichkeiten für Mann und Frau — ausdrücklich auch für Schüler und Schülerinnen — abgeleitet[6], und der Schutz des Postgeheimnisses wird — wenn auch mit einem Beispiel, das die

---

[1] *Neumann / Nipperdey / Scheuner* (Hrsg.), Die Grundrechte, Bd. II, Berlin 1954.
[2] *Ridder*, Meinungsfreiheit, GR II, S. 243 (268).
[3] *Dürig*, Freizügigkeit, GR II, S. 507 (516).
[4] *Mattern*, Petitionsrecht, GR II, S. 623 (630).
[5] *Füßlein*, Vereins- und Versammlungsfreiheit, GR II, S. 425 (430 und 443).
[6] *Beitzke*, Gleichheit von Mann und Frau, GR II, S. 149 (217).

unmittelbare Drittwirkung der Grundrechte voraussetzt —, für Minderjährige im Verhältnis zum Internatsleiter bejaht[7].

Hildegard Krüger wendete solche punktuellen Feststellungen für die selbständige Ausübung von Grundrechten durch Minderjährige („Grundrechtsmündigkeit") in eine allgemeine Frage[8], während die nach der Geltung für Minderjährige („Grundrechtsfähigkeit") erst später folgte[9]. Seit diesen Anfängen liegt eine unübersehbare Zahl von Äußerungen vor, die zu einem großen Teil den speziellen, hier aber zugunsten des Grundsätzlichen zu vernachlässigenden, Aspekt der Grundrechte (oder einzelner bestimmter Grundrechte) des Minderjährigen in der Schule betreffen[10].

Obwohl die Frage berechtigt ist, ob ein bestimmtes Grundrecht für einen Minderjährigen gilt, und ob der Minderjährige dieses Grundrecht selbständig wahrnehmen darf, bestehen doch nach wie vor Zweifel, ob „Grundrechtsfähigkeit" und „Grundrechtsmündigkeit" für die Ausübung von Grundrechten allgemein zu fordern seien[11]. Eine Antwort hierauf setzt die Klärung dieser Begriffe voraus[12]. Die offensichtliche Anlehnung an die Begriffe Rechtsfähigkeit und Mündigkeit legt es nahe, zunächst deren Bedeutung zu ermitteln und von da aus auf die Probleme einzugehen, die sich aus einer Übertragung auf das Verfassungsrecht ergeben. In dieser Untersuchung wird es um die Herausarbeitung der allgemeinen Voraussetzungen gehen, unter denen ein bestimmtes Alter für die

---

[7] *Oehler*, Postgeheimnis, GR II, S. 605 (611).

[8] *Hildegard Krüger*, Grundrechtsausübung durch Jugendliche (Grundrechtsmündigkeit) und elterliche Gewalt, in: FamRZ 1956, 329 - 335. Vgl. aber auch *von Mangoldt / Klein*, GG, S. 127, die „Grundrechts-Mündigkeit" als immanente persönliche Gewährleistungsschranke ansehen, die ein bestimmtes Lebensalter für das Zustehen eines Rechts voraussetzt.

[9] Vgl. die Nachweise bei *Fehnemann*, Über die Ausübung von Grundrechten durch Minderjährige, RdJ 1967, 281 mit Anm. 2.

[10] Vgl. den Überblick bei *von Münch*, Vorb. zu Art. 1 - 19, in: ders., GG.

[11] *Hesse*, Grundzüge, Rz 285.

[12] *D. Reuter*, Die Grundrechtsmündigkeit — Problem oder Scheinproblem? In: FamRZ 1969, 622 mit FN 4, weist auf die Bemerkung von *Flume*, Das Rechtsgeschäft, § 13 FN 62 hin, Grundrechtsmündigkeit sei eine petitio principii. Vgl. auch *Bosch*, Rückblick und Ausblick, FamRZ 1980, 739 (749): Der Ausdruck „Grundrechtsmündigkeit" ist derart schillernd, daß er besser vermieden oder erst einmal gründlich geklärt werden sollte.

Innehabung und Wahrnehmung von Grundrechten festgesetzt werden kann, jedoch nicht um die systematische Anwendung dieser Grundsätze auf alle einzelnen Grundrechte.

Das Alter als nach der Themenstellung maßgebendes Kriterium ist eine Eigenschaft, die im untersuchten Zusammenhang nur bei natürlichen Personen rechtserheblich ist. Juristische Personen und die mit ihnen verbundenen Probleme der Innehabung und Wahrnehmung von Grundrechten bleiben demgemäß unberücksichtigt.

B. Rechtsfähigkeit

I. Die Problematik

1. Die Annahme allgemeiner und besonderer Rechtsfähigkeit

Rechtsfähigkeit wird als die Fähigkeit definiert, Träger von Rechten und Adressat von Pflichten zu sein[13]. Häufig wird auch zwischen allgemeiner und besonderer Rechtsfähigkeit unterschieden: Allgemeine Rechtsfähigkeit als die Fähigkeit, Träger von Rechten und Adressat von Pflichten zu sein; besondere Rechtsfähigkeit als die Fähigkeit, Träger eines bestimmten Rechts, Adressat einer bestimmten Pflicht zu sein[14]. Dieser Unterscheidung liegt die Erkenntnis zugrunde, daß nicht jeder alle Rechte hat oder haben kann. Die mit diesen Begriffen verbundene Diskussion ist niemals ganz zur Ruhe gekommen[15] und kehrt in der Auseinandersetzung um den Begriff Grundrechtsfähigkeit wieder[16]. Grundrechtsfähigkeit wird als die Fähigkeit definiert, Träger von Grundrechten zu sein. Wer Träger eines bestimmten Grundrechts ist, also Grundrechtsfähigkeit für ein bestimmtes Recht besitzt, muß danach gesondert festgestellt werden[17].

---

[13] Vgl. z. B. *Larenz*, AT BGB, § 5 I.

[14] Vgl. z. B. (jeweils mit geringfügigen Abweichungen) *Coing / Habermann*, Rz 2 Vorb. zu § 1, in: Staudinger, BGB; *Enneccerus / Nipperdey*, AT BGB § 83 II 3; *Larenz*, AT BGB § 5 I.

[15] Vgl. z. B. *Wolf / Naujoks*, Anfang und Ende der Rechtsfähigkeit des Menschen, S. 50 ff.

[16] *Dürig*, Rz 13 zu Art. 19 Abs. 3, in: Maunz / Dürig, GG, stellt z. B. die Grundrechtsfähigkeit im Sinne von Grundrechts-Rechtsfähigkeit neben die allgemeine Rechtsfähigkeit.

[17] Vgl. z. B. *von Münch*, Rz 7 Vorb. zu Art. 1 - 19, in: ders., GG; *von Mutius*, Grundrechtsfähigkeit, Jura 1983, 30; *Kuhn*, Grundrechte und Minderjährigkeit, S. 29 - 31.

2. Die Annahme relativer Rechtsfähigkeit

Rechtsfähigkeit wird außerdem von einigen Rechtswissenschaftlern unter Einbeziehung der Handlungsfähigkeit als eine relative definiert: als die Fähigkeit eines Menschen oder einer als Rechtssubjekt anerkannten sozialen Einheit, sich rechtlich wirksam zu verhalten, sei es auch durch einen Boten, Vertreter oder ein Organ, kurz: als rechtliches Verhaltensvermögen eines Rechtssubjekts. Rechtsfähigkeit wird hiernach nicht als abstraktes Vermögen verstanden, sondern als konkrete Rechtsfähigkeit, die die Fähigkeit, Rechte auszuüben, einschließt. So verstandene Rechtsfähigkeit wird durch den unterschiedlichen Inhalt und Umfang der dem Einzelnen zugeordneten Rechte und durch das unterschiedliche Ausmaß der dem Einzelnen zukommenden Fähigkeit zu rechtswirksamem Verhalten relativiert[18].

Gegen die Einbeziehung der Handlungsfähigkeit in den Begriff der Rechtsfähigkeit spricht, daß jedenfalls das positive bürgerliche Recht beide Fähigkeiten getrennt regelt[19]. Auch die Prozeßfähigkeit als prozessuale Handlungsfähigkeit wird in den verschiedenen Prozeßordnungen nicht in die Rechtsfähigkeit einbezogen. Außerdem wird zu Recht darauf hingewiesen, daß eine Person auch ohne eigenes Verhalten oder das Verhalten ihres Vertreters Rechte und Pflichten erwerben kann, und daß Schwierigkeiten entstehen, wenn eine natürliche Person vorübergehend ohne gesetzlichen Vertreter, oder eine juristische Person vorübergehend ohne Organ ist[20]. Der durch das Element der Handlungsfähigkeit relativierten Begriffsbestimmung ist aus diesen Gründen nicht zuzustimmen. Doch kann auch der Relativierung der Rechtsfähigkeit durch die Beziehung auf bestimmte Rechte nicht zugestimmt werden, wie sich sogleich zeigen wird.

---

[18] *Fabricius*, Relativität der Rechtsfähigkeit, S. 31 ff., 43 (im Anschluß an *Müller-Freienfels*, Die Vertretung im Rechtsgeschäft, 1955, und an Rechtslehren des 19. Jahrhunderts), 235 ff. Ihm folgend: *Gitter*, § 1 Rz 5 und 8 in: MünchKomm BGB.
[19] So *Coing / Habermann*, Rz 2 zu § 1, in: Staudinger, BGB, die die Art der Lösung im übrigen als Frage der Konvention bezeichnen.
[20] *Lange / Köhler*, AT BGB, § 20 I.

Das Nebeneinander von zwei Definitionspaaren, wie es in den anfangs angeführten Definitionen der Rechtsfähigkeit sichtbar wird — allgemeine und besondere Rechtsfähigkeit jeweils auf einfachgesetzliche Rechte und auf Grundrechte bezogen —, wirft nämlich zwei Fragen auf, von denen die zweite das Element der Relativität, das in dem Bezug auf bestimmte Rechte liegt, ebenfalls enthält. Die Fragen lauten:

— Gibt es auf der Ebene des Verfassungsrechts und des einfachen Rechts eine je eigene Rechtsfähigkeit?

— Gibt es (gegebenenfalls für jede Rechtsebene) neben einer allgemeinen Rechtsfähigkeit besondere, an die Tatbestandsmerkmale bestimmter Rechte geknüpfte Rechtsfähigkeiten?

II. Rechtsfähigkeit als umfassender Begriff

1. Die Einheitlichkeit der geregelten Lebensbereiche

Zu der ersten Frage: Grundrechte schützen und sichern einzelne besonders wichtige oder besonders gefährdete Lebensbereiche vor staatlichen Beeinträchtigungen und um der Aktualisierung der in ihnen garantierten Freiheiten willen[21]. Dieselben Lebensbereiche sind Gegenstand einfachgesetzlicher Regelungen auf verschiedenen Rechtsgebieten im bürgerlichen sowohl als im öffentlichen Recht. Für öffentlich-rechtliche Regelungen mag der Hinweis auf das im Reichs- und Staatsangehörigkeitsgesetz einerseits und in Art. 16 GG andererseits geregelte Recht der Staatsangehörigkeit genügen. Grundrechte schützen aber auch bürgerlich-rechtliche Rechtspositionen. Die elterliche Sorge und ihr Schutz gegenüber unzulässigen staatlichen Beeinträchtigungen durch Art. 6 Abs. 2 S. 1 GG ist ein Beispiel. Ein anderes ist der Schutz der Rechtsgüter Leben, Körper, Gesundheit und Freiheit, die in § 823 BGB mit Schadensersatzansprüchen gegenüber jedermann bewehrt sind, und die in § 839 BGB[22] in Verbindung mit Art. 34 GG speziell gegenüber „jemand",

---

[21] *Hesse*, Grundzüge, § 9, insbes. Rz 287, 288 und 300.

[22] § 34 Abs. 1 Nr. 1 StHG, der § 839 BGB mit Wirkung vom 1. 1. 1982 aufheben sollte, ist seinerseits mit dem Staatshaftungsgesetz vom BVerfG für nichtig erklärt worden, *BVerfG* DVBl. 1982, 1135.

der in Ausübung eines ihm anvertrauten öffentlichen Amtes seine ihm gegenüber Dritten obliegende Amtspflicht verletzt, geschützt werden. Der Schutz des Bürgers vor Beeinträchtigungen von Leben, Körper, Gesundheit, Freiheit durch den Staat wird durch Art. 2 Abs. 2 GG verstärkt. Schließlich sei noch auf den Schutz hingewiesen, den die Privatautonomie durch Art. 2 Abs. 1 GG genießt.

2. Die Wechselbeziehung zwischen Verfassungsrecht und einfachem Recht

Der verfassungsrechtliche Schutz bestimmter Lebensbereiche wird vom Gesetzgeber weitgehend durch das einfache Gesetz näher geregelt. Einfaches Recht und Verfassungsrecht stehen deshalb in enger wechselseitiger Beziehung, wenn sie auch denselben Lebensbereich mit je unterschiedlicher Ausführlichkeit und je unterschiedlichem Rang regeln. Verletzt die öffentliche Gewalt in Gestalt des Gesetzgebers Grundrechte, kann der Einzelne die einfachgesetzliche Regelung unter Berufung auf die Grundrechte in Frage stellen. Verletzt die öffentliche Gewalt in Gestalt der Verwaltung oder der Rechtsprechung einfachgesetzliche Rechte des Einzelnen, kann dieser die Rechtsverletzung auch unter Berufung auf das schützende Grundrecht rügen. Sowohl das Aufeinanderbezogensein der Normen als auch die Einheitlichkeit der Lebensverhältnisse und die Identität des betroffenen Einzelnen lassen die Annahme unterschiedlicher Rechtsfähigkeiten — eine für die Ebene des einfachen Rechts, eine für die Ebene des Verfassungsrechts[23] — verfehlt erscheinen. Rechtsfähigkeit als die Fähigkeit, Rechte zu haben, bezieht sich vielmehr auf alle Rechte, einschließlich der Grundrechte.

III. Rechtsfähigkeit des Menschen für alle Rechtsgebiete

Nach § 1 BGB beginnt die Rechtsfähigkeit des Menschen mit der Geburt. Gelegentlich wird angenommen, daß diese Vorschrift nicht nur eine Aussage über den Beginn der Rechtsfähigkeit des Menschen mache, sondern zugleich Rechtsfähigkeit verleihe[24]. Nach anderer

---

[23] Die sich nach *Dürig*, Rz 10 zu Art. 19 Abs. 3, in: Maunz / Dürig, GG, zum Teil überschneiden.

[24] *Lehmann / Hübner*, AT BGB, § 11 V.

Ansicht setzt § 1 BGB die Rechtsfähigkeit des Menschen voraus[25]. Nach Erlaß des Grundgesetzes wird diese, mit der Personhaftigkeit des Menschen begründete Ansicht auch auf Art. 1 Abs. 1 und Art. 2 Abs. 1 GG gestützt[26]. Mindestens auf dieser Grundlage gewinnt die Anerkennung der Rechtsfähigkeit jedes Menschen Bedeutung für alle Rechtsgebiete, unabhängig davon, ob sie eine dem § 1 BGB vergleichbare Norm aufweisen[27]. Rechtsfähigkeit kommt hiernach allen Menschen, Minderjährige eingeschlossen, ohne Einschränkung zu.

IV. Rechtsfähigkeit und bestimmte Rechte

1. Die Unabhängigkeit der Rechtsfähigkeit von persönlichen Merkmalen

Nachdem die erste Frage nach dem Vorhandensein einer speziellen Kategorie Rechtsfähigkeit für die Verfassungsebene zu verneinen ist, kann die zweite Frage dahin präzisiert werden, ob es neben einer allgemeinen Rechtsfähigkeit besondere, an die Tatbestandsmerkmale bestimmter Rechte und Grundrechte geknüpfte Rechtsfähigkeiten gibt. Die Rechtsfähigkeit des Einzelnen könnte dann zum Beispiel durch sein Alter, sein Geschlecht oder seine Staatsangehörigkeit beeinflußt sein[28]. Für manche Rechte würde danach die allgemeine Rechtsfähigkeit „genügen", während andere Rechte „zusätzlich" eine besondere Rechtsfähigkeit erfordern.

Wenn aber Rechtsfähigkeit eine Eigenschaft ist, die sich potentiell auf alle Rechte bezieht, die Rechtssubjekten überhaupt zustehen können, kann es für die Rechtsfähigkeit nicht gleichzeitig auf besondere Merkmale einzelner Rechtssubjekte, die für die Innehabung

---

[25] Vgl. z. B. *Ennecerus / Nipperdey*, AT BGB, § 83 II 2; *Wolf*, AT BGB, insbes. § 3 A II b, c (S. 177/178); *Larenz*, AT BGB, § 5 I; *Jauernig*, § 1 Anm. 1, in: ders., BGB.

[26] *H. Westermann*, § 1 Rz 1, in: Erman, BGB; *Schultze-von Lasaulx*, Rz 5 vor § 1, in: Soergel, BGB; *Coing / Habermann*, Rz 2 vor § 1, in: Staudinger, BGB; *Löwe*, Stichwort: Person, in: EvStL, Sp. 1801 (1803).

[27] *Maurer*, Allg. Vwrecht, § 21 IV, weist den Begriff der Rechtsfähigkeit zu Recht der allgemeinen Rechtslehre zu.

[28] So z. B. *Coing / Habermann*, Rz 2 vor § 1, in: Staudinger, BGB; *Krüger-Nieland*, Rz 7 und 8 vor § 1 BGB, in: RGRK; *Lange / Köhler*, AT BGB, § 20 I 1; *Jauernig*, § 1 Anm. 1, in: ders. u. a., BGB.

IV. Rechtsfähigkeit und bestimmte Rechte

eines einzelnen Rechts bedeutsam sind, ankommen[29]. Besondere Rechtsfähigkeit ist eine contradictio in adiecto, denn „Fähigkeit" weist auf ein Habenkönnen hin, während die Erfüllung der Tatbestandsvoraussetzungen für ein bestimmtes Recht das Haben bedeutet. Die Fähigkeit, ein Recht zu haben, ist Voraussetzung für die Innehabung eines bestimmten Rechts, wenn dessen Tatbestand in der Person des Einzelnen erfüllt ist. Anders ausgedrückt: Das Bestehen einer inhaltlich unbeschränkten Rechtsfähigkeit schließt die Möglichkeit einer inhaltlich beschränkten Rechtsfähigkeit aus[30]. Die Rechtsfähigkeit wird also nicht dadurch berührt, daß ein Rechtssubjekt nicht Inhaber aller Rechte sein kann, weil bestimmte Voraussetzungen einzelner Rechte nicht bei allen Rechtssubjekten vorliegen oder vorliegen können.

Rechtsfähigkeit ist deshalb auch nicht die Summe aller auf ein bestimmtes Recht bezogenen Fähigkeiten, weil keine Fähigkeit, ein bestimmtes Recht innezuhaben, ohne ein bestimmtes Rechtssubjekt gedacht werden kann, das die Voraussetzungen einer bestimmten Norm erfüllt. Bestimmte Rechtssubjekte und die Vielzahl bestimmter Rechte sind dabei Variable, die untereinander in verschiedenen Beziehungen stehen können. Die unterschiedlichen Fähigkeiten bestimmter Rechtssubjekte, bestimmte Rechte zu haben, können deshalb nicht addiert werden und zusammen die allgemeine Rechtsfähigkeit ausmachen. Umgekehrt kann die Fähigkeit eines bestimmten Rechtssubjekts, bestimmte Rechte zu haben, nicht als Unterart oder Teil der allgemeinen Rechtsfähigkeit gesehen werden. Hält nach allem die Unterscheidung zwischen allgemeiner und besonderer Rechtsfähigkeit näherer Betrachtung nicht stand, kann es auch Grundrechtsfähigkeit als besondere Rechtsfähigkeit nicht geben.

---

[29] *Ernst Wolf*, AT BGB, S. 179 und 180.
[30] *Ders.*, (Anm. 29), wo es auch heißt, daß die besonderen persönlichen tatbestandsmäßigen Bedingungen für das Entstehen mancher Rechtsverhältnisse besonderer Art nicht in den Inhalt der Rechtsfähigkeit verlegt werden dürfen.

2. Die Verknüpfung bestimmter Rechte mit persönlichen Merkmalen, insbesondere mit dem Alter

Wenn persönliche Merkmale hiernach auf die Rechtsfähigkeit keinen Einfluß haben, wie schon der Hinweis auf das Alter und die Staatsangehörigkeit zeigt, können sie doch zweifellos Voraussetzung für die Innehabung bestimmter Grundrechte und einfachgesetzlicher Rechte sein. Daß sie es nicht in jedem Fall sind, zeigen bereits die Rechte auf Leben und körperliche Unversehrtheit[31]. Im Zusammenhang mit dem Thema bleibt jedoch zu klären, ob außer bei den Grundrechten, die eine ausdrückliche Altersbestimmung enthalten, auch bei anderen Grundrechten die Innehabung von einem bestimmten Alter abhängt, oder ob der einfache Gesetzgeber solche Abhängigkeit herstellen kann. Die Frage, um die es geht, lautet also nicht, ob der Minderjährige allgemein oder auf ein bestimmtes Grundrecht bezogen rechtsfähig sei, sondern unter welchen Voraussetzungen die Innehabung eines bestimmten Grundrechts an ein bestimmtes Alter geknüpft werden kann. Überlegungen hierzu müssen an dieser Stelle noch ausgeklammert werden, weil über die Zuerkennung bestimmter Rechte an Minderjährige nur sinnvoll entschieden werden kann, wenn auch die dem Recht entsprechende Handlungsfähigkeit mit in Betracht gezogen wird.

3. Die Untauglichkeit der Beispiele für den Unterschied von Rechtsfähigkeit und Grundrechtsfähigkeit

a) Allgemeines zum unterschiedlichen Umfang

Das bis hierhin erzielte Ergebnis wird durch die Thesen, Grundrechtsfähigkeit und Rechtsfähigkeit seien nicht identisch, Grundrechtsfähigkeit sei teils weiter, teils enger als die bürgerlichrechtliche Rechtsfähigkeit[32], nicht widerlegt. Im Gegenteil, das Problem der „Verengung" oder „Erweiterung" von Rechtsfähigkeit stellt sich (auf der Basis des Nebeneinander von Grundrechtsfähigkeit und Rechtsfähigkeit) sowohl für die Fähigkeit, Grundrechte zu haben, als

---

[31] Zugleich unter Ausschluß weiterer allgemeiner Differenzierungen: *Hesse*, Grundzüge, Rz 285; *ders.* bereits in der 4. Aufl. der Grundzüge 1970, § 9 II 2.

[32] *von Münch*, Rz 8, Vorb. zu Art. 1 - 19, in: ders., GG.

IV. Rechtsfähigkeit und bestimmte Rechte

auch für die Fähigkeit, Rechte des einfachen Gesetzes zu haben; sowohl auf der Ebene des Verfassungsrechts als auch auf der Ebene des einfachen Rechts. Für eine unterschiedliche Lösung — hie zugunsten einer „Verengung" oder „Erweiterung", dort nicht —, würde angesichts des Zusammenhangs zwischen einfachem Recht und Verfassungsrecht nichts sprechen. Die zum Nachweis der aufgestellten Thesen gebrachten Beispiele sprechen deshalb eher für als gegen die Identität von Grundrechtsfähigkeit und Rechtsfähigkeit.

Mit der Feststellung, Grundrechtsfähigkeit sei teils weiter, teils enger als die allgemeine Rechtsfähigkeit, ist bei genauem Hinsehen im übrigen nicht die gegenständliche Erstreckung gemeint, sondern die Ausdehnung der Rechtsfähigkeit über den Kreis der natürlichen und juristischen Personen hinaus einerseits und die Herausnahme bestimmter Personen hinsichtlich bestimmter Rechte andererseits[33]. Genau gesehen geht es also um die Fragen, ob das Grundgesetz die Fähigkeit, Rechte zu haben, im Gegensatz zum einfachen Recht, auch auf Subjekte oder vielmehr Gebilde erstreckt, die weder natürliche noch juristische Personen sind, und ob das Grundgesetz manchen natürlichen Personen einzelne Grundrechte nicht gewährt, deren einfachgesetzliche Entsprechung ihnen zusteht.

b) Die „engere Grundrechtsfähigkeit"

Für eine „engere Grundrechtsfähigkeit" wird der Unterschied von Menschen- und Deutschenrechten angeführt, der in Gegensatz zu der insoweit nicht unterscheidenden Rechtsfähigkeit des Bürgerlichen Gesetzbuches gestellt wird[34]. Ausgangspunkt müßte aber ein Begriff der Rechtsfähigkeit sein, der sich nicht nur auf das Bürgerliche Gesetzbuch bezieht, sondern auf alle Rechtsgebiete. Außerdem müßte der Vergleich zwischen den einander jeweils entsprechenden einfachgesetzlichen und grundrechtlichen Vorschriften gezogen werden. Dann wäre ohne weiteres ersichtlich, daß sich die Frage nach einer angeblich engeren Rechtsfähigkeit hier wie dort stellt, die zwischen einfachem Recht und Verfassungsrecht behaupteten Unterschiede also nicht bestehen.

---

[33] So auch die Sicht von *Ule*, Vwprozeßrecht, § 18 II 2.
[34] *von Münch*, Rz 8 und 9, Vorb. zu Art. 1 - 19, in: ders., GG.

c) Die „weitere Grundrechtsfähigkeit"

Für eine „weitere Grundrechtsfähigkeit" werden die Toten im Hinblick auf Art. 1 Abs. 1 GG, der nasciturus im Hinblick auf den Schutz seines Lebens durch Art. 2 Abs. 2 GG, sowie der nichtrechtsfähige Verein im Hinblick auf einzelne Grundrechte genannt[35]. Konsequenterweise müßte auch hier ein das gesamte einfache Recht umfassender Begriff der Rechtsfähigkeit angewandt werden; auch hier müßten den Grundrechten jeweils entsprechende einfachgesetzliche Rechte gegenübergestellt werden.

Dabei würde sich zeigen, daß die Frage der Rechtsfähigkeit für die Toten nicht nur im Hinblick auf die Anwendung des Art. 1 Abs. 1 GG entstünde[36], sondern auch im Hinblick auf den zivilrechtlichen Schutz des Persönlichkeitsrechts über den Tod des Geschützten hinaus durch § 823 BGB (im Zusammenhang mit Art. 1 Abs. 1 und Art. 2 Abs. 1 GG), oder auf den strafrechtlichen Schutz der Totenruhe (§ 168 StGB) oder auf den strafrechtlichen Schutz vor Verunglimpfung des Andenkens Verstorbener (§ 189 StGB). Die Frage nach der Grundrechtsfähigkeit des nasciturus, die sich im Zusammenhang mit Art. 2 Abs. 2 GG stellt[37], besteht ebenso für die „Rechtsfähigkeit nach dem Bürgerlichen Gesetzbuch", wenn es um die Anwendung des § 823 Abs. 1 BGB bei vorgeburtlichen Schäden[38] oder um den Schutz durch § 218 StGB geht. Wenn schließlich den nichtrechtsfähigen Vereinen (mit unterschiedlicher Begründung) Grundrechte zugesprochen werden[39], steht dem gegenüber, daß ihre Rechtsstellung auch außerhalb des Verfassungsrechts in vieler Hinsicht der Stellung des rechtsfähigen Vereins angenähert worden ist[40]. Die Anwendung des grundgesetzlichen Gleichheitssatzes auf politische Parteien kann zum Beispiel nicht ohne Auswirkungen auf das einfache Recht bleiben[41].

---

[35] Ebd., Rz. 8.

[36] Vgl. dazu z. B.: *BVerfGE* 30, 173 (197 ff.); *Zippelius*, Rz 25 zu Art. 1 GG, in BK; *Dürig*, Rz 26 zu Art. 1, in: Maunz / Dürig, GG.

[37] Hierzu z. B. *BVerfGE* 39, 1 und *BVerfGE* 45, 376; *Wolf / Naujoks*, Anfang und Ende der Rechtsfähigkeit des Menschen, insbes. S. 118 ff.

[38] Hierzu z. B. *Larenz*, Schuldrecht, Bd. 2, § 72 I b.

[39] Vgl. z. B. *von Mutius*, Rz 67 ff. zu Art. 19 Abs. 3 GG, in: BK; *Hendrichs*, Rz 31 zu Art. 19, in: von Münch, GG.

[40] Vgl. z. B. *Larenz*, AT BGB, § 10 VI.

IV. Rechtsfähigkeit und bestimmte Rechte

Die Existenz zweier Kategorien von Rechtsfähigkeit läßt sich anhand der angeführten Beispiele angesichts der gleichartigen Problemlage und der gebotenen gleichartigen Lösung im einfachen Recht und im Verfassungsrecht also nicht nachweisen.

---

[41] Auch das Bundesverfassungsgericht betrachtet die Frage nicht einseitig von den Grundrechten her, sondern unter Berücksichtigung der Rechte, die der Personengruppe nach einfachem Recht zustehen, vgl. BVerfGE 6, 272 (277).

C. Beteiligtenfähigkeit

I. Im Verfahren vor allgemeinen Gerichten und in behördlichen Verfahren

1. Die Verwendung des Begriffes Beteiligtenfähigkeit

Im Zivilprozeß wird die Fähigkeit, Subjekt eines Prozeßverhältnisses zu sein, Parteifähigkeit genannt (§ 50 ZPO). Die neueren Prozeßordnungen und das Verwaltungsverfahrensgesetz sprechen von der Fähigkeit, am Verfahren beteiligt zu sein (§ 61 VwGO, § 11 VwVfG). Auch das Gesetz über die Angelegenheiten der freiwilligen Gerichtsbarkeit verwendet den Begriff des Beteiligten an verschiedenen Stellen, so insbesondere § 6 FGG, der in seinem formellen oder prozessualen Sinn[42] dem Beteiligtenbegriff im übrigen und dem Begriff der Parteifähigkeit entspricht.

Da der Begriff Beteiligtenfähigkeit weiter ist, als der am Zweiparteienprinzip orientierte Begriff Parteifähigkeit[43], soll er hier als allgemeiner Begriff und auch für das Verfahren der Verfassungsbeschwerde vor dem Bundesverfassungsgericht verwendet werden. Die ebenfalls übliche Bezeichnung Beteiligungsfähigkeit scheint mehr auf die Fähigkeit eines Rechtssubjekts hinzuweisen, etwas zu tun (sich zu beteiligen), während der Begriff Beteiligtenfähigkeit mehr auf die abstrakte Eigenschaft einer Person hindeutet, die er bezeichnen soll, und deshalb auch eher als Parallele zum Begriff der Parteifähigkeit aufgefaßt werden kann[44]. Die Beteiligtenfähigkeit muß geprüft werden, weil sie bei der verfahrensmäßigen Wahrnehmung von Grundrechten von Bedeutung ist, die in allen behörd-

---

[42] *Keidel*, FGG, § 6 Rz 14; *Habscheid*, FGG, § 14 I und II; unter III setzt Habscheid sich mit dem einheitlichen Beteiligtenbegriff von Kollhosser auseinander.

[43] *Rosenberg / Schwab*, Zivilprozeßrecht, § 39 III (S. 220).

[44] § 55 EVwPO, BT-Dr. 9/1851 vom 14. 7. 1982, verwendet die Bezeichnung Beteiligtenfähigkeit ebenfalls.

lichen Verfahren und vor allen allgemeinen Gerichten[45] eine Rolle spielen kann.

2. Die Beziehung zur Rechtsfähigkeit

Die Beteiligtenfähigkeit wird entweder an die Rechtsfähigkeit gebunden (§ 50 Abs. 1 ZPO, der entsprechend für das Verfahren vor den Arbeitsgerichten gilt[46]) oder an die Eigenschaft als natürliche Person (§ 11 Nr. 1 VwVfG; § 61 Nr. 1 VwGO; § 70 Nr. 1 SGG). Da alle natürlichen Personen, auf die es hier ankommt, rechtsfähig sind, stimmen die Regelungen jedenfalls für sie sachlich überein. Keines der genannten Gesetze stellt an die Fähigkeit natürlicher Personen, an dem jeweils geregelten Verfahren beteiligt zu sein, weitere Anforderungen. Weder ist ein bestimmtes Alter, ein bestimmtes Geschlecht oder eine bestimmte Staatsangehörigkeit vorgesehen, noch wird die Innehabung bestimmter Rechte oder die Fähigkeit zur Innehabung bestimmter Rechte vorausgesetzt.

II. Im Verfahren der Verfassungsbeschwerde vor dem Bundesverfassungsgericht

1. Ablehnung einer Anknüpfung an bestimmte Rechte

Das Bundesverfassungsgerichtsgesetz enthält keine allgemeinen Vorschriften über die Beteiligtenfähigkeit für die von ihm geregelten Verfahren. Bei einigen Verfahren sind die möglichen Beteiligten zwar enumerativ aufgeführt, wie zum Beispiel bei den öffentlich-rechtlichen Streitigkeiten nichtverfassungsrechtlicher Art zwischen Bund und Ländern (§ 71 Abs. 1 BVerfGG) oder bei den Verfassungsstreitigkeiten innerhalb eines Landes (§ 73 Abs. 1 BVerfGG). Schwierigkeiten entstehen dort, wo das Gesetz wie bei der Verfassungsbeschwerde festlegt, „jedermann" könne sich unter gewissen Voraussetzungen an das Bundesverfassungsgericht wenden (Art. 93 Abs. 1 Nr. 4 a GG, § 90 Abs. 1 BVerfGG). Als beteiligtenfähig

---

[45] Allgemeine Gerichte hier im Gegensatz zu Verfassungsgerichten, insbesondere zum Bundesverfassungsgericht, verstanden. Vgl. den Sprachgebrauch des Hess StGH in den Beschlüssen vom 25. 11. 1982, Hess StAnz 1982, 2432 (2435) und 2437 (2440).

[46] *Grunsky*, ArbGG, § 10 Rz 30 und § 46 Rz 10.

im Sinne der Fähigkeit, am Verfahren der Verfassungsbeschwerde beteiligt zu sein, wird aufgrund dieser Vorschriften vielfach derjenige angesehen, der in bezug auf das verletzte Grundrecht „grundrechtsfähig" ist[47].

Als grundrechtsfähig wird in diesem Zusammenhang betrachtet, wer Träger „dieser Rechte" (gemeint sind die in Art. 93 Abs. 1 Nr. 4 a GG und § 90 Abs. 1 BVerfGG angeführten Rechte) sein kann[48]. Solche Betrachtungsweise wird durch die Erkenntnis relativiert, daß nicht jede natürliche Person Inhaber jedes dieser Grundrechte sein kann, Grundrechtsfähigkeit also nicht allgemein, sondern nur im Hinblick auf ein bestimmtes Grundrecht ermittelt werden kann. Eine entsprechende Prüfung kommt, wenigstens in bezug auf einzelne Tatbestandsmerkmale (wie Alter, Geschlecht, Staatsangehörigkeit), einer Sachprüfung im Rahmen der Beteiligtenfähigkeit gleich[49].

Als grundrechtsfähig wird nach anderer Auffassung sogleich derjenige betrachtet, der möglicher Inhaber eines bestimmten in Anspruch genommenen Grundrechts ist[50]. Auch bei dieser Prüfung würde die Ermittlung der Beteiligtenfähigkeit von der Erfüllung bestimmter Tatbestandsmerkmale des jeweiligen Grundrechts abhängen.

Hiernach müßte zum Beispiel ein Asylsuchender, dessen Gesuch die Behörde ablehnt, weil sie ihn für einen Deutschen im Sinne des Grundgesetzes hält, mit seiner Verfassungsbeschwerde wegen mangelnder Beteiligtenfähigkeit abgewiesen werden, wenn er weder Ausländer noch Staatenloser ist (Art. 16 Abs. 2 S. 1 GG). Eine unter Umständen sehr komplizierte Sachfrage müßte vom Bundesverfassungsgericht dann in die Prüfung der Beteiligtenfähigkeit hineingenommen werden. Im Verwaltungsverfahren und im Verwaltungsgerichtsprozeß wäre die Beteiligtenfähigkeit in derselben Sache hingegen unabhängig davon, ob der Asylsuchende Deutscher, Ausländer oder Staatenloser ist.

---

[47] *Pestalozza*, Vfprozeßrecht, § 14 2 a (S. 96); *Schmidt-Bleibtreu*, Rz 20 a. E. zu § 90, in: Maunz / Schmidt-Bleibtreu, BVerfGG.
[48] *Pestalozza*, (Anm. 47).
[49] Die *Pestalozza*, (Anm. 47), gleichwohl ablehnt.
[50] *Schmidt-Bleibtreu* (Anm. 47).

II. Im Verfahren der Verfassungsbeschwerde vor dem BVerfG

Ein solches Verständnis von Beteiligtenfähigkeit stünde im Gegensatz zu der Beteiligtenfähigkeit als abstrakter Eigenschaft bei allen anderen Verfahren, in denen jede natürliche Person, da rechtsfähig, auch beteiligtenfähig ist. Beteiligtenfähigkeit in diesem Sinn wäre im Grunde von der Zuständigkeitsregelung für das Bundesverfassungsgericht abhängig, nicht aber von einer abstrakten Eigenschaft des Beschwerdeführers.

Die Neigung, Beteiligtenfähigkeit im Verfahren der Verfassungsbeschwerde an der möglichen Innehabung bestimmter Grundrechte zu orientieren[51], wird sicherlich durch die überschaubare Zahl der Grundrechte begünstigt, über die das Bundesverfassungsgericht in diesem Verfahren zu entscheiden hat, und von denen manche mit Sicherheit nicht jedem von vornherein zustehen oder zustehen können. Aber auch auf anderen Rechtsgebieten stehen nicht jedem alle Rechte zu, auch auf anderen Rechtsgebieten gibt es bestimmte Rechte, die bestimmten Personen niemals zustehen können[52], ohne daß die Parteifähigkeit oder die Beteiligtenfähigkeit in anderen Verfahren von der möglichen Innehabung eines bestimmten Rechts abhängig gemacht würde.

2. Befürwortung einer Anknüpfung an die Rechtsfähigkeit

Die Argumente, die für die Nicht-Identität von Rechtsfähigkeit und Beteiligtenfähigkeit im Verfahren der Verfassungsbeschwerde vor dem Bundesverfassungsgericht vorgebracht werden, schlagen nicht durch. Sie stützen sich auf die Beobachtung, daß es Gebilde gibt, deren Rechtsfähigkeit verneint wird, obwohl sie einzelne Grundrechte haben können und deshalb auch im Verfahren der Verfassungsbeschwerde beteiligtenfähig sind. Doch ist dies keine Besonderheit im Verfahren der Verfassungsbeschwerde: Nach § 50 Abs. 1 ZPO ist parteifähig, wer rechtsfähig ist. Aber schon § 50 Abs. 2 ZPO bestimmt, daß ein nichtrechtsfähiger Verein, der verklagt

---

[51] *Leibholz / Rupprecht*, BVerfGG, § 90 Rz 12; *Scholler / Broß*, Verfassungs- und Verwaltungsprozeßrecht, Rz 264.

[52] Für natürliche Personen z. B. Rechte, die an die Kaufmannseigenschaft anknüpfen, aber auch die einfach-gesetzlichen Parallelen zu Grundrechten, das Recht auf Kriegsdienstverweigerung, das Asylrecht. Das verkennt z. B. *Schmidt-Bleibtreu*, Rz 20 zu § 90, in: Maunz / Schmidt-Bleibtreu, BVerfGG.

wird, in dem Rechtsstreit die Stellung eines rechtsfähigen Vereins hat. Nicht nur bei der Frage der Rechtsfähigkeit, sondern auch bei der Frage der Beteiligtenfähigkeit tritt dieselbe Problematik sowohl im einfachen Recht als auch im Verfassungsrecht auf[53]. Von den Ausnahmen her (die Ausnahmen sind, weil und soweit die Möglichkeit, ein Recht innezuhaben, bei gleichzeitiger Verneinung der Rechtsfähigkeit bejaht wird), sollte für das Verfahren der Verfassungsbeschwerde ebensowenig, wie es für das Verfahren vor allgemeinen Gerichten geschieht, ein Schluß auf die Notwendigkeit oder Möglichkeit einer Trennung von Rechtsfähigkeit und Beteiligtenfähigkeit bei natürlichen Personen gezogen werden.

Angesichts der Aufgabe des Staates, den Rechtsfrieden zu sichern, ist dies Ergebnis konsequent. Jeder, der rechtsfähig ist, also Inhaber von Rechten und Adressat von Pflichten sein kann, und — wenn auch nicht Inhaber aller — so doch mindestens eines oder mehrerer Grundrechte ist, muß die Fähigkeit haben, an den gesetzlich vorgesehenen, diese Rechte und Pflichten verbindlich ordnenden, friedenstiftenden Verfahren beteiligt zu sein. Zwar folgt diese Fähigkeit, anders als die Rechtsfähigkeit, für natürliche Personen nicht zwangsläufig aus der Personhaftigkeit des Menschen, denn diese Fähigkeit setzt die Existenz des Staates und seine Aufgabe, den Rechtsfrieden zu sichern, voraus und gewinnt erst durch diese Aufgabe Sinn. Wenn der Einzelne sich sein Recht nicht selbst verschaffen darf, muß an seine Rechtsfähigkeit die — abstrakte — Fähigkeit geknüpft werden, an allen Verfahren beteiligt zu sein, in denen über seine Rechte entschieden werden kann, ohne daß diese Fähigkeit von der Innehabung bestimmter Rechte abhängig gemacht werden dürfte.

Wenn die Bestimmungen anderer Verfahrensgesetze auf die verschiedenen verfassungsgerichtlichen Verfahren nicht ohne weiteres angewandt werden können, und der ihnen zugrundeliegende Rechtsgedanke nicht ohne weiteres allgemein auf das Verfahren vor dem Verfassungsgericht übertragen werden kann[54], überwiegen nach allem bei der Frage der Beteiligtenfähigkeit doch die Gründe, die für eine gleichartige Lösung sprechen[55]. Aus allem folgt, daß natür-

---

[53] Vgl. bereits unter B. III.
[54] So schon *BVerfGE* 1, 87 (88/89); ebenso *BVerfGE* 51, 405 (407).
[55] Grundsätzlich zu der Eigenständigkeit des Verfassungsprozeßrechts:

liche Personen — mithin auch Minderjährige — im Verfahren der Verfassungsbeschwerde vor dem Bundesverfassungsgericht beteiligtenfähig sind, mag diese Fähigkeit dort nun Parteifähigkeit oder Beteiligtenfähigkeit genannt oder mit einem anderen Begriff erfaßt werden.

III. An die Beteiligtenfähigkeit geknüpfte prozessuale Grundrechte

Die Beteiligtenfähigkeit ist mit Garantien verbunden, die für jeden, der dem Staat als rechtsprechender Gewalt begegnet, von elementarer Bedeutung sind, und die im übrigen ebenfalls dafür sprechen, diese Fähigkeit bei natürlichen Personen auch für das Verfahren der Verfassungsbeschwerde unabhängig von der Innehabung bestimmter Rechte anzuerkennen. Nach § 16 GVG sind Ausnahmegerichte nicht statthaft, und niemand darf seinem gesetzlichen Richter entzogen werden. In einer Anzahl von Gesetzen kommt der Anspruch auf rechtliches Gehör zum Ausdruck, zum Beispiel in § 139 und § 141 ZPO, in 103 Abs. 1 und § 104 Abs. 1 VwGO. Das Grundgesetz hebt diese Garantien in den Rang von Grundrechten (Art. 101 Abs. 1 S. 1 und 2 GG, Art. 103 Abs. 1 GG)[56]. Zugleich wird der in Art. 103 Abs. 1 GG niedergelegte Anspruch auf rechtliches Gehör als allgemeiner Rechtsgrundsatz anerkannt[57]. Als solcher findet er zum Beispiel auch in § 28 VwVfG seinen Niederschlag. Der diese einfachgesetzlichen Rechte verstärkende Grundrechtsschutz des Art. 101 Abs. 1 und Art. 103 Abs. 1 GG erstreckt sich (jedenfalls) auf alle natürlichen Personen — Minderjährige eingeschlossen — weil ihnen kraft ihrer Rechtsfähigkeit Beteiligtenfähigkeit zukommt[58].

Häberle, Grundprobleme der Verfassungsgerichtsbarkeit, in: ders. (Hrsg.), Verfassungsgerichtsbarkeit, S. 1 ff., 23 ff.; *Engelmann*, Prozeßgrundrechte im Verfassungsrecht, S. 122 ff.; *Fröhlinger*, Die Erledigung der Verfassungsbeschwerde, S. 76 ff.

[56] *Hesse*, Grundzüge, Rz 277.

[57] Ausführlich hierzu: *Rüping*, Rz 82 - 91 zu Art. 103 Abs. 1 GG, in: BK.

[58] Zum Zusammenhang zwischen dem Begriff des Beteiligten und dem Schutz durch Art. 103 Abs. 1 GG: *Dürig*, Rz 13 zu Art. 103 Abs. 1, in: Maunz / Dürig, GG; *R. Rauball*, Rz 3 zu Art. 103 GG, in: von Münch, GG, unter Hinweis auf *BVerfGE* 17, 361 und 21, 373.

Auch die Rechtsweggarantie des Art. 19 Abs. 4 GG, die für „jemand" gilt, der durch die öffentliche Gewalt in seinen Rechten verletzt wird, setzt Beteiligtenfähigkeit voraus. Diese Garantie gilt für „alle"[59], also (jedenfalls) für alle natürlichen Personen, und für diese ohne Ansehen des Alters.

---

[59] So z. B. *von Mangoldt / Klein*, GG, Art. 19, VII 1 (S. 569); *Dürig*, Rz 16 zu Art. 19 Abs. 4, in: Maunz / Dürig, GG.

D. Handlungsfähigkeit

I. Die Problematik

1. Begriff und Regelungen der Handlungsfähigkeit

Handlungsfähigkeit wird als die Eigenschaft definiert, durch eigenes Verhalten Rechtswirkungen für sich und andere hervorbringen zu können[60]. Handlungsfähigkeit kann sich auf die inhaltliche und — als Prozeßfähigkeit[61] — auf die prozessuale Wahrnehmung eines Rechts beziehen. Als Oberbegriff umfaßt Handlungsfähigkeit rechtswirksames Handeln im bürgerlichen Recht, im Strafrecht und im sonstigen öffentlichen Recht[62]. Die Regelungen aller Rechtsgebiete gehen von der voll handlungsfähigen natürlichen Person als Regelfall aus, der für alle ihr zustehenden Rechte zugleich die Fähigkeit zu deren inhaltlicher und zu deren prozessualer Wahrnehmung zukommt[63].

Der Gesetzgeber regelt die Handlungsfähigkeit natürlicher Personen in bezug auf eine Reihe bestimmter Rechte und Pflichten. Dabei kann auf die Stufe der Handlungsunfähigkeit unmittelbar die der vollen Handlungsfähigkeit folgen, dieser kann aber auch eine Stufe begrenzter (beschränkter) Handlungsfähigkeit vorgeschaltet sein. Altersregelungen sind sowohl im Grundgesetz als auch in einfachen Gesetzen enthalten. Viele einfachgesetzliche Altersbestimmungen regeln Lebensbereiche, die grundrechtlich geschützt sind, ohne daß das Grundrecht selbst eine Altersbestimmung enthielte.

---

[60] Vgl. z. B. *Hefermehl*, Rz 1 vor § 104, in: Soergel, BGB.
[61] *Rosenberg / Schwab*, ZPO, S. 229: eine Art der Handlungsfähigkeit.
[62] *Heinrichs*, Einf. vor § 104 BGB, in: Palandt, BGB.
[63] Im Zusammenhang mit der Geschäftsfähigkeit: *Hefermehl*, Rz 8 vor § 104, in: Soergel, BGB; *Larenz*, AT BGB: Handlungsfähigkeit ist ein der Person ihrem Wesen nach zukommendes Attribut. Vgl. auch *Wolf*, AT BGB, S. 197.

Auch für Handlungsfähigkeit im Sinne der Verantwortlichkeit für eigenes Handeln setzt der Gesetzgeber Altersstufen fest. Dabei ist zwischen der Handlungsunfähigkeit und der vollen Handlungsfähigkeit in jedem Fall eine Stufe bedingter Handlungsfähigkeit angesetzt.

2. Die Frage nach der spezifischen Handlungsfähigkeit bei Grundrechten

Wer das Alter erreicht hat, in dem er voll handlungsfähig ist, wird mündig genannt. Entsprechend den Stufen der Handlungsfähigkeit und dem Gegenstand, auf den sie sich beziehen, wird von Unmündigkeit, Mündigkeit oder zum Beispiel Ehemündigkeit gesprochen. Grundrechtsmündigkeit ist nach verbreiteter Definition die Fähigkeit, Grundrechte selbst ausüben zu können[64]. Aus dieser Definition ergeben sich zwei Fragen. Die erste lautet: Gibt es für Lebensbereiche, die sowohl der einfache Gesetzgeber als auch der Verfassungsgesetzgeber regeln, voneinander abweichende Mündigkeitsstufen, die es rechtfertigen, begrifflich zwischen Mündigkeit für einfache Rechte und Mündigkeit für Grundrechte zu unterscheiden? Die zweite Frage ist, ob das Grundgesetz neben den ausdrücklich in ihm aufgeführten Altersregelungen allgemein ein bestimmtes Alter für die Handlungsfähigkeit bei der Wahrnehmung von Grundrechten zuläßt oder fordert, eine Eigenschaft also, die man als Grundrechtsmündigkeit bezeichnen könnte. Die Antwort auf die erste Frage beeinflußt die zweite Fragestellung. Wenn es nämlich keinen Unterschied zwischen Mündigkeit nach einfachem Recht und nach Verfassungsrecht gibt, ist die zweite Frage auf Rechte allgemein zu beziehen und dahin zu präzisieren, ob die Ausübung von Rechten immer an die Vollendung eines bestimmten Alters gebunden sein muß.

---

[64] In diesem Sinn schon *Hildegard Krüger*, Grundrechtsausübung durch Jugendliche (Grundrechtsmündigkeit) und elterliche Gewalt, FamRZ 1956, 329, insbes. 331; sodann *Dürig*, Rz 16 zu Art. 19 Abs. 3, in: Maunz / Dürig, GG; *von Münch*, Rz 11 Vorb. zu Art. 1 - 19 GG, in: ders., GG. *von Mutius*, Grundrechtsfähigkeit, in: Jura 1983, 30/31, definiert Grundrechtsmündigkeit als die Fähigkeit einer Person, ein Grundrecht, dessen Träger sie ist, in allen denkbaren Rechtsrelationen ausüben zu können.

II. Einfachgesetzliche und grundgesetzliche Mündigkeit?

Das Grundgesetz selbst enthält nur wenige Bestimmungen, die das Alter für die Innehabung und/oder für die Wahrnehmung eines Rechts festlegen. Drei davon befinden über Innehabung und Wahrnehmung zugleich und knüpfen diese an die Vollendung des 18. Lebensjahrs: das aktive und das passive Wahlrecht zum Bundestag (Art. 38 Abs. 2 GG), die heute beide als Grundrecht angesehen werden, und das Recht, den Kriegsdienst mit der Waffe zu verweigern (Art. 4 Abs. 3 S. 1 GG, Art. 12 a Abs. 1 GG. Dabei mag durch § 15 Abs. 6 WehrpflG eine geringfügige Altersschwankung nach unten bewirkt werden). Zwei weitere Bestimmungen lassen Begrenzungen der Handlungsfähigkeit „zum Schutz der Jugend" zu (Art. 5 Abs. 2 und Art. 11 Abs. 2 GG), ohne jedoch den Begriff Jugend altersmäßig abzugrenzen.

Soweit das Grundgesetz selbst das Alter regelt, stimmen die Ausübungsbefugnis für das Grundrecht und für die entsprechende einfachgesetzliche Regelung (so §§ 12 Abs. 1 und 15 Abs. 1 Zi. 2 BWahlG, §§ 1 und 15 WehrpflG) selbstverständlich überein. Handlungsfähigkeit oder Mündigkeit unterscheiden sich nicht. Vom Verfassungsrecht abweichende Regelungen des einfachen Rechts wären auch verfassungswidrig. Für einfachgesetzliche Bestimmungen zum Schutz der Jugend, die in Ausführung von Art. 5 Abs. 2 GG und Art. 11 Abs. 2 GG ergehen, gibt das Grundgesetz zwar kein bestimmtes Alter, wohl aber einen Alterszeitraum vor. Mit der Begriffsbestimmung in § 1 Abs. 3 JÖSchG und § 1 Abs. 3 GjS (Kind ist, wer noch nicht vierzehn, Jugendlicher, wer vierzehn, aber noch nicht achtzehn Jahre alt ist), hält sich der Gesetzgeber innerhalb des ihm gewährten Gestaltungsspielraums. Auch hier unterscheiden sich die Mündigkeitsgrenzen nach einfachem Recht und nach Verfassungsrecht deshalb nicht. Auch hier wäre eine Diskrepanz verfassungswidrig. Für die Annahme einer von der Handlungsfähigkeit nach einfachem Recht abweichenden Handlungsfähigkeit nach der Verfassung bleibt hier also kein Raum. Soweit das Grundgesetz kein Alter festlegt, kann eine Altersbestimmung des einfachen Gesetzgebers nur entweder verfassungsgemäß oder verfassungswidrig sein. Die verfassungsmäßige Bestimmung gibt ebensowenig Anlaß, zwischen Handlungsfähigkeit nach einfachem Recht und nach Verfassungsrecht zu unterscheiden, wie die verfassungswidrige. In dem einen Fall hat die einfachgesetzliche Regelung vor dem Grundgesetz Bestand, in dem anderen Fall nicht. Ein prinzipieller Gegensatz zwischen Mündigkeit nach einfachgesetzlichen Vorschriften und Mündigkeit nach dem Grundgesetz, der die Annahme einer Kategorie Grundrechtsmündigkeit in diesem Sinn rechtfertigte, besteht also nicht[65].

Die Frage nach dem Alter für die Innehabung und Wahrnehmung eines Rechts stellt sich hiernach für einfachgesetzliche Rechte und Grundrechte gleichermaßen. Der Zusammenhang zwischen einfachgesetzlichen und grundgesetzlichen Bestimmungen erweist sich also ebenso wie bei der Frage nach der Grundrechtsfähigkeit und der Beteiligtenfähigkeit als bedeutsam. Bei genauem Hinsehen zeigt sich ohnehin, daß die Frage der Handlungsfähigkeit, die von dem Erreichen eines bestimmten Alters abhängig gemacht wird, niemals für Grundrechte isoliert untersucht wird, sondern immer unter Einbeziehung der einfachgesetzlichen Altersregelungen[66].

III. Rechte mit und ohne Altersbindung

1. Zulässige Altersbindung

Die Wahrnehmung eines Rechts wird bei natürlichen Personen an ein bestimmtes Alter gebunden, wenn sie bestimmte Fähigkeiten

---

[65] Zur Unzulänglichkeit dieses Begriffs in bezug auf die zu erfassende Problematik aus seiner Sicht schon: *D. Reuter*, Die Grundrechtsmündigkeit — Problem oder Scheinproblem? In: FamRZ 1969, 623 unter III, der allerdings von seiner Unterscheidung in Rechte, die den Schutz der Selbstbestimmung bezwecken, und Rechte, die das Interesse des Rechtsinhabers an bestimmten wirtschaftlichen oder ideellen Vorteilen befriedigen sollen, zu dieser Feststellung gelangt.

[66] Zu diesem Ineinanderwirken verfassungsrechtlicher und einfachgesetzlicher Bestimmungen: *von Münch*, Rz 13 Vorb. zu Art. 1 - 19 GG, in: ders., GG; *Dürig*, Rz 23 zu Art. 19 Abs. 3, in: Maunz / Dürig, GG. Vgl. auch *Lerche*, Übermaß und Verfassungsrecht, S. 106 ff., der bei seinen Überlegungen zu dem Verhältnis von Grundgesetz und einfachem Recht zwischen einfachgesetzlichen verdeutlichenden Normen, unmittelbar grundrechtsprägenden Normen und mittelbar grundrechtsprägenden Normen unterscheidet. *Th. Ramm*, Bildung, Erziehung und Ausbildung, in: FS Stein, S. 248 mit FN 33, sieht Mündigkeit nur als zivilrechtlichen Begriff, also enger als hier. Ramm betont den Vorrang der Verfassung gegenüber zivilrechtlichen Vorschriften, ohne auf die gegenseitigen Beziehungen zwischen Verfassungsrecht und einfachem Recht einzugehen.

erfordert, deren Vorhandensein nicht leicht festzustellen, deren Feststellung aber aus Gründen der Rechtssicherheit, Zweckmäßigkeit und des Schutzes Handlungsunfähiger oder beschränkt Handlungsfähiger notwendig ist[67]. Da Handlungsfähigkeit sich in ihren unterschiedlichen Ausprägungen bei natürlichen Personen allmählich und individuell entwickelt, würde die Ermittlung des jeweiligen individuellen Entwicklungsstandes bezogen auf die Fähigkeit zur Wahrnehmung eines bestimmten Rechts im Rechtsalltag große Schwierigkeiten mit sich bringen. Diesen begegnet der Gesetzgeber mit der Festsetzung eines bestimmten Alters, von dessen Erreichen an die notwendigen Fähigkeiten als vorhanden angesehen werden, oder von dem an im Einzelfall geprüft wird, ob die erforderliche Handlungsfähigkeit vorhanden ist.

Der Zeitpunkt für die Innehabung eines Rechts und für die Befugnis zu seiner Wahrnehmung können zusammenfallen, sie können jedoch auch unterschiedlich festgesetzt werden. Die jeweilige Regelung hängt mit der Art des Rechtes zusammen. Eine einheitliche Lösung muß bei höchstpersönlichen Rechten getroffen werden, bei den auch die Ausübung nicht übertragbar ist. Bei einigen höchstpersönlichen Rechten, die jedem von vornherein zustehen, ist die Möglichkeit der Wahrnehmung durch einen Dritten unerläßlich, wenn denn die Innehabung solcher Rechte sinnvoll sein soll. Das ist bei einigen elementaren Rechten von Bedeutung, die auch dem Handlungsunfähigen nicht vorenthalten werden dürfen, wie zum Beispiel dem Recht auf Leben. Übertragbare Rechte können dem einzelnen ohne weiteres von vornherein zustehen. Der Gesetzgeber muß dann nur ein Alter festlegen, von dem an der Rechtsinhaber zur selbständigen Ausübung befugt ist.

2. Unzulässige Altersbindung

Es gibt allerdings auch Rechte, für deren Innehabung und Wahrnehmung weder Rechtssicherheit und Zweckmäßigkeit, noch der Schutz des Handlungsunfähigen die Festsetzung eines Alters fordern[68]. Dies sind Rechte, die für sich gesehen nicht auf das Hervor-

---

[67] Überlegungen hierzu für das einfache Recht z. B. bei: *Brox*, Rz 1 vor § 104, in: Erman, BGB; siehe auch *Larenz*, AT BGB, S. 76/77 und 86.

[68] Im Ergebnis auch D. *Reuter*, Kindesgrundrechte und elterliche Ge-

bringen von Rechtswirkungen zielen, wenn ihre Wahrnehmung auch Rechtswirkungen zur Folge haben kann, wie zum Beispiel die Schaffung eines Kunstwerks mit der Entstehung des Urheberrechts einhergeht. Schöpferisches Tun bedarf keiner Altersreglementierung, wenn auch die Wahrnehmung des Urheberrechts Handlungsfähigkeit erfordert. Zwar steht einerseits fest, daß niemand die für die Wahrnehmung — zum Beispiel der Kunstfreiheit — notwendige Handlungsfähigkeit von vornherein hat. Andererseits ist es jedoch nicht nur unschädlich, sondern unabweisbar, daß der einzelne, wie jung er auch sei, schöpferische Ideen entwickeln und diese Ideen handelnd verwirklichen kann, und daß er dabei gegen Störungen durch Dritte oder gegen Eingriffe des Staates rechtlich geschützt ist. Der Rechtsschutz bewirkt im übrigen, daß die erforderliche natürliche Handlungsfähigkeit zugleich rechtlich erheblich ist. Ein Mindestalter wäre durch nichts zu rechtfertigen, zumal der Schutz auch dann gewährleistet sein muß, wenn sich die Fähigkeiten noch nicht nach außen manifestiert haben, und weil sich für die Entwicklung geistiger und schöpferischer Fähigkeiten schwerlich eine verbindliche Regel feststellen läßt. Ein Mindestalter würde zugleich staatliche Reglementierungen erlauben, die mit Art. 6 Abs. 2 GG nicht vereinbar sind. Diese Vorschrift läßt nur Begrenzungen des Elternrechts zu, die sich aus der Aufgabe des Staates ergeben, über die Betätigung der Eltern zu wachen[69].

---

walt, S. 51 ff. *von Münch*, Freie Meinungsäußerung und besonderes Gewaltverhältnis, S. 59, nimmt z. B. für das Grundrecht der Meinungsfreiheit kein Alter an. *Perschel*, Die Meinungsfreiheit des Schülers, setzt die Nichtgebundenheit an ein Alter stillschweigend voraus.

[69] Deshalb kann auch *Ekk. Stein*, Staatsrecht, § 24 IV 2 in Verb. mit § 20 IV b und c, nicht gefolgt werden, wenn er annimmt, „soweit die Grundrechte den Willen des einzelnen schützen", beginne die Grundrechtsfähigkeit erst mit der Vollendung des 7. Lebensjahres. Er begründet dies damit, daß dem Willen Minderjähriger auch sonst erst vom 7. Lebensjahr an Bedeutung eingeräumt werde. Vgl. hierzu auch *D. Reuter*, Kindesgrundrechte und elterliche Gewalt, S. 51 ff., dessen Ausführungen zugleich gegen die von *Ekk. Stein*, § 20 IV, zugrunde gelegte Abspaltung eines Autonomierechts vom Inhalt des Grundrechts sprechen. Im Ergebnis wie hier: *Kuhn*, Grundrechte und Minderjährigkeit, S. 31 ff., insbes. 38 - 40, der allerdings die natürliche Handlungsfreiheit nicht zugleich als rechtliche Handlungsfreiheit qualifiziert.

3. Handlungsfähigkeit und Mündigkeit

Handlungsfähigkeit darf nach allem nicht mit Mündigkeit gleichgesetzt werden. Mündigkeit bezeichnet Handlungsfähigkeit, die an die Vollendung eines bestimmten Alters geknüpft ist. Es gibt jedoch auch Handlungsfähigkeit, die der Reglementierung durch Altersbestimmungen widersteht, ohne daß entsprechendes Handeln rechtlich eine quantité négliable wäre. Die altersgebundene Handlungsfähigkeit erfordert zwar spezifische Regelungen, die die besondere Aufmerksamkeit des Juristen auf sich lenken. Der Begriff Mündigkeit bezieht sich aber nur auf sie, und Mündigkeit darf nicht allgemein zur Voraussetzung für die Wahrnehmung von (Grund)Rechten gemacht werden[70].

Bei Beeinträchtigungen eines bestimmten Rechts, das dem Minderjährigen von vornherein zusteht, oder das er ohne Altersbindung innehat, ist er deshalb auch für Abwehrhandlungen im rechtlichen Sinn handlungsfähig, wenn er das tatsächliche Vermögen zur Abwehr hat. Derartige Fälle mögen wenig Bedeutung haben, doch ist immerhin denkbar, daß der Minderjährige sich unmittelbar gegen eine nicht gesetzlich angeordnete Impfung zur Wehr setzt, oder sich gegen die Beschlagnahme seines Mopeds verteidigt.

4. Altersbestimmung als Rechtsbegrenzung

Eine Altersbestimmung ist vom Regelfall des in bezug auf alle innegehabten Rechte voll handlungsfähigen Einzelnen aus gesehen eine Ausnahme, die besonderer Begründung bedarf. Von diesem Standpunkt aus kennzeichnet ein bestimmtes Alter nicht den Zeitpunkt, von dem ab der Einzelne ein Recht *schon*, sondern von dem er ein Recht *erst* haben und ausüben kann. Wo keine Begrenzungen durch Altersbestimmungen zulässig sind, sind die Rechte des Minderjährigen deshalb keinen anderen Begrenzungen zugänglich als die Rechte der Volljährigen[71].

---

[70] *Hesse*, Grundzüge, Rz 285. *Jörg Paul Müller*, Elemente einer schweizerischen Grundrechtstheorie, S. 91, lehnt den Rückgriff auf eine abstrakte Grundrechtsmündigkeit ebenfalls ab.

[71] *Hesse* (Anm. 70).

IV. Maßgaben für die Festsetzung bestimmter Altersstufen

1. Gesetzlich typisierte selbständige Handlungsfähigkeit

Der Gesetzgeber darf das Alter für die Zuerkennung eines Rechts oder der einem Recht entsprechenden Handlungsfähigkeit nicht beliebig wählen. Vielmehr muß er das Alter in einen Zeitraum legen, in dem die jeweilige Handlungsfähigkeit typischerweise vorhanden ist. Erweist sich die Festsetzung eines Alters nach Maßgabe der im vorigen Abschnitt genannten Gründe als notwendig[72], und wird es nach Maßgabe des typischerweise vorauszusetzenden Alters festgesetzt, hat es auch vor einem Grundrecht Bestand, das den geregelten Lebensbereich ohne Altersbeschränkung schützt. Ein solcherart festgelegtes Alter konkretisiert das jeweilige Grundrecht, interpretiert es authentisch[73]. Der Einzelne genießt den Schutz des Grundrechts dann von dem Alter an und in dem Umfang, die der einfache Gesetzgeber bestimmt.

Der Gesetzgeber kann auch das Alter, von dem an der Einzelne für sein Handeln verantwortlich gemacht wird, nicht beliebig festlegen. Vielmehr muß er es innerhalb des Zeitraums ansetzen, in dem die für das jeweilige Handeln erforderliche Einsicht und die Fähigkeit, nach dieser Einsicht zu handeln, typischerweise vorhanden sind. Bei der Frage nach der Verantwortlichkeit legt das geltende Recht ein Mindestalter fest, von dem an die Verantwortungsfähigkeit individuell festzustellen ist. Typisiert wird hier nicht ein Zeitpunkt, sondern ein Zeitraum. Rechtsfolgen werden durch das Handeln des Minderjährigen nur ausgelöst, wenn der Richter bei dem individuellen Minderjährigen innerhalb dieses Zeitraums die Verantwortungsfähigkeit feststellt.

---

[72] *D. Reuter,* Die Grundrechtsmündigkeit — Problem oder Scheinproblem? In: FamRZ 1969, 623, fragt, ob das Grundrecht eine gegenüber dem einfachen Gesetz vorverlegte Mündigkeit erzwinge.

[73] Für das Ende des Elternrechts aus Art. 6 Abs. 2 S. 1 GG im Zusammenhang mit der Neuregelung des Volljährigkeitsalters bereits *Fehnemann,* Elternrecht und elterliche Rechte nach Volljährigkeit des Kindes? In: ZBlJugR 1980, 612.

2. Individuell regulierbare abhängige Handlungsfähigkeit

Anders bei der beschränkten Geschäftsfähigkeit, die dem Minderjährigen nach § 104 BGB allein aufgrund der Vollendung des 7. Lebensjahres zukommt. Die §§ 104 ff. BGB stecken einen Rahmen ab. In welchem Umfang der Minderjährige innerhalb dieses Rahmens handeln kann, hängt jedoch von dem Ausmaß ab, in dem die Sorgeberechtigten ihm das Handeln durch Einwilligung oder Genehmigung, durch das Überlassen von Mitteln, durch die Ermächtigung zum Betrieb eines Erwerbsgeschäfts oder zur Eingehung von Arbeitsverhältnissen ermöglichen. Die Sorgeberechtigten können dabei den individuellen Entwicklungsstand des Minderjährigen berücksichtigen, wenn sein Handeln Folgen auslösen können soll, ohne daß es im Verhältnis zu Dritten auf den individuellen Entwicklungsstand des Minderjährigen ankäme. Abgesehen von den in § 112 und § 113 BGB geregelten Fällen handelt es sich nicht um gegenständlich beschränkte, zum selbständigen Handeln befugende Geschäftsfähigkeit, sondern um unselbständige[74], von der Privatautonomie des gesetzlichen Vertreters gespeiste, individuell gesteuerte Handlungsfähigkeit. Privatautonomie kommt dem Minderjährigen, wie frei ihn sein gesetzlicher Vertreter nach Maßgabe der §§ 104 ff. BGB auch stellen mag, außer nach § 112 und § 113 BGB, nicht zu[75].

V. Handlungsfähigkeit und elterliche Sorge

1. Altersgebundene und nicht altersgebundene Handlungsfähigkeit

Die Erziehungsberechtigten sind berechtigt und verpflichtet, das Kind zu pflegen, zu erziehen, zu beaufsichtigen und seinen Aufenthalt zu bestimmen. Die Verantwortung der Eltern endet, wenn nichts anderes bestimmt ist, mit der Volljährigkeit des Kindes, denn § 1626 Abs. 1 BGB bezieht sich auf das minderjährige Kind. Soweit ein früheres Alter festgelegt ist, endet die elterliche Sorge partiell vor dem Eintritt der Volljährigkeit. Im übrigen besteht die elterliche Sorge fort, nicht nur, soweit ein Minderjähriger in bezug auf bestimmte Rechte handlungsunfähig oder beschränkt (unselbständig)

---
[74] *Ernst Wolf*, AT BGB, S. 343.
[75] *Larenz*, AT BGB, S. 36.

handlungsfähig ist, sondern auch, soweit er handlungsfähig ist, und sein Handeln Schutz gegenüber Beeinträchtigungen durch die öffentliche Gewalt oder durch Dritte genießt, wie dies bei den nicht altersgebundenen Rechten der Fall ist. Die elterliche Sorge erstreckt sich also gerade auch auf grundrechtlich geschütztes Handeln des Minderjährigen, das altersmäßiger Regulierung durch den Gesetzgeber wegen seiner engen Personbezogenheit und seiner Individualität nicht zugänglich ist[76].

2. Der Maßstab für die Ausübung der elterlichen Sorge

Angesichts dieses Befundes können die Rechte des Kindes nicht gegen die Verantwortung der Eltern ausgespielt werden[77]. Gefragt werden muß aber nach den Maßgaben für die Ausübung der elterlichen Sorge. Die elterliche Sorge ist unter dem Grundgesetz nicht als willkürlich und beliebig auszuübendes Recht denkbar. Vielmehr ist auch für sie das Konstitutionsprinzip des Art. 1 GG maßgeblich, dessen Bedeutung das Bundesverfassungsgericht in jahrzehntelanger Rechtsprechung immer wieder hervorgehoben hat[78]. Art. 1 GG prägt die Vorschriften des bürgerlichen Gesetzbuches und bewirkt, daß die elterliche Sorge auf jeden Fall so auszuüben ist, wie sie Schutz und Achtung der Würde des Kindes und seiner Freiheit — diese zugleich in ihrer verfassungsmäßigen Gebundenheit und in

---

[76] Das Elternrecht ist dagegen kein treuhänderisches Recht, vgl. *Fehnemann*, Zur näheren Bestimmung des grundgesetzlichen Elternrechts, DÖV 1982, 353 (insbes. 356 ff.). Das Bundesverfassungsgericht äußert keine gegenteilige Ansicht, wenn es im Anschluß an die Charakterisierung des Elternrechts ausführt: „*Man hat das Elternrecht daher ein fiduziarisches, ein dienendes Grundrecht, eine im echten Sinn treuhänderische Freiheit genannt ...*" (Im Original keine Hervorhebungen), vgl. *BVerfGE* 59, 360 (366/367) und *BVerfG* NJW 1983, 101.

[77] Vgl. bereits *Fehnemann*, Bemerkungen zum Elternrecht in der Schule, DÖV 1978, 489 (490) mit FN 19; ablehnend auch: *von Münch*, Rz 14 Vorb. Art. 1 - 19, in: ders., GG; *Böckenförde*, Elternrecht, S. 62; *Ossenbühl*, Das elterliche Erziehungsrecht im Sinne des Grundgesetzes, S. 55. Von einer Grundrechtskollision gehen z. B. aus: *Hildegard Krüger*, Grundrechtsausübung durch Jugendliche (Grundrechtsmündigkeit) und elterliche Gewalt, FamRZ 1956, 331; *Bleckmann*, Allgemeine Grundrechtslehren, S. 296. Vgl. auch die Nachweise bei *Fehnemann*, Bemerkungen zum Elternrecht in der Schule, DÖV 1978, 490 mit FN 20.

[78] Siehe die überschauende Zusammenfassung in: *BVerfGE* 45, 187 (227); *Hesse*, Grundzüge, Rz 116 mit Anm. 3.

ihrer Gemeinschaftsbezogenheit — gebieten. Art. 1 GG verpflichtet die Eltern daher, bei der Pflege und Erziehung des Kindes seinen Eigenwert, d. h. auch seine Eigenart, zu achten und mit ihren Maßnahmen auf die Individualität des Kindes einzugehen, dabei aber auch die dem Kind als sozialbezogenem Glied der Gemeinschaft gezogenen Grenzen zu berücksichtigen[79]. Der § 1626 BGB zumindest hinsichtlich der Bestandteile Pflege und Erziehung schützende Art. 6 Abs. 2 S. 1 GG bedarf bei dieser Auslegung keiner inhaltlichen Anreicherung durch Art. 2 Abs. 1 GG oder durch andere Grundrechte. Da Erziehung, wie gezeigt, notwendig Lebensbereiche des Kindes berührt, die gegenüber dem Staat grundrechtlich geschützt sind, würde auf diese Weise der Streit um die Geltung der Grundrechte im Verhältnis des Kindes zu den Eltern nur in das elterliche Erziehungsrecht hineinverlagert[80]. Die Prägung durch Art. 1 GG bewirkt vielmehr, daß die Eltern aus Art. 6 Abs. 2 S. 1 GG und aus § 1626 BGB unmittelbar verpflichtet sind, das Kind gemäß seinen Anlagen und Fähigkeiten und seinem jeweiligen Entwicklungsstand entsprechend zu fördern, gegebenenfalls auch zu führen und ihm Schranken zu setzen, dies alles ungeachtet der Tatsache, daß viele Lebensäußerungen des Kindes, die auf seinen (gegebenenfalls auch mit elterlichem Nachdruck und elterlicher Strenge) geförderten Fähigkeiten beruhen, im Verhältnis zum Staat grundrechtlich geschützt sind. Auch die unerläßliche Grenzziehung für die elterliche Sorge wird schon durch das Konstitutionsprinzip des Art. 1 GG in Art. 6 Abs. 2 S. 1 GG hineingetragen und braucht nicht durch den Soweit-Satz des Art. 2 Abs. 1 GG oder die den anderen Grundrechten innewohnenden Begrenzungen eingeführt zu werden.

Aufgrund dieser Auslegung ergibt sich ein Maßstab, ein Rahmen, der im Hinblick auf Ziele und Wege im einzelnen neutral ist. Dafür, wie Erziehung hiernach praktisch aussehen kann, gibt es vielfältige Möglichkeiten. Nicht nur die Individualität des Kindes, sondern auch die der Eltern, die familiäre Atmosphäre, überhaupt die gesamten Lebensumstände, sind Faktoren, die in die Erziehung ein-

---

[79] Näheres hierzu und zum folgenden: *Fehnemann* (demn.).

[80] *BVerfGE* 24, 119 (144). Ähnliches gilt für die anderen Grundrechte, aus denen *Ossenbühl*, Das elterliche Erziehungsrecht im Sinne des Grundgesetzes, S. 56 und 61, Direktiven und Begrenzungen für die Bestimmung des elterlichen Erziehungsrechts entnehmen möchte.

gehen, und deren Wirksamwerden das Grundgesetz bejaht, wenn und soweit sie vor Art. 1 GG Bestand haben.

Auf das Kindeswohl gewendet (§ 1627 BGB) ist die über die verfassungsrechtliche Bedeutung von Pflege und Erziehung gewonnene Erkenntnis ebenfalls neutral: Das Grundgesetz schreibt ebensowenig vor, wie das Wohl des individuellen Kindes im konkreten Fall zu definieren ist, wie es von den Eltern aus gesehen Einzelheiten für die Wahrnehmung von Pflege und Erziehung oder gar Ziele, Mittel und Methoden für die Erziehung festlegt.

Das Gesetz überläßt die Ausgestaltung der Erziehung mit gutem Grund den individuellen Eltern im Verhältnis zu ihren individuellen Kindern. Wenn der Staat die Grundrechte, für die der Minderjährige bereits handlungsfähig ist, nicht beeinträchtigen darf, ist es doch Sache der Eltern, aus erzieherischer Verantwortung Prioritäten zu setzen und die Gesamtentwicklung des Minderjährigen im Auge zu behalten. Sache der Eltern ist es aber auch, dem Minderjährigen mehr Selbständigkeit zu gewähren, wenn dies seinem Entwicklungsstand entspricht.

Schon die Vorschriften über die beschränkte Geschäftsfähigkeit bieten den Sorgeberechtigten, wie bereits angedeutet, Möglichkeiten der Individualisierung, mit denen sie dem jeweiligen Entwicklungsstand des Minderjährigen und den jeweiligen praktischen Erfordernissen Rechnung tragen können. Insbesondere die §§ 112 und 113 BGB ermöglichen praktikable Lösungen, denn sie gewähren dem Minderjährigen je in ihrem Rahmen volle Privatautonomie. Diese erstreckt sich auch auf den Eintritt in Vereine und Gesellschaften sowie Vereinbarungen zur Wahrung und Förderung der Arbeits- und Wirtschaftsbedingungen, die mit der Ermächtigung in inhaltlichem Zusammenhang stehen. Die Vereinigungs- und Koalitionsfreiheit des Art. 9 Abs. 1 und Abs. 3 GG stehen dem gemäß § 112 oder § 113 BGB ermächtigten Minderjährigen in entsprechendem Umfang zu[81]. Im übrigen ist anzunehmen, daß der Minderjährige Grundrechte, so-

---

[81] *von Münch*, Rz 48 zu Art. 9 GG, in: ders., GG; ausführlich *ders.*, Rz 103 zu Art. 9 GG, in: BK; *Scholz*, Rz 177 zu Art. 9 GG, in: Maunz / Dürig, GG. Auch für den Beitritt Minderjähriger zu Arbeitgebervereinigungen: *von Münch*, in: BK; *Scholz*, in: Maunz / Dürig, GG. — Für den Gewerkschaftsbeitritt z. B. *Brox*, § 113 Rz 13, in: Erman, BGB; *Hefermehl*, § 113 Rz 4, in: Soergel, BGB; *Heinrichs*, § 113 Anm. 4, in: Palandt, BGB.

weit ihre Verwirklichung Geschäftsfähigkeit erfordert, nicht selbständig wahrnehmen kann[82].

Während der Spielraum der Sorgeberechtigten zur Individualisierung bei der gesetzlichen Vertretung durch die starren Regelungen der Geschäftsfähigkeit insgesamt doch eingegrenzt ist, bietet er bei der Personensorge vielfältige Gestaltungsmöglichkeiten, die bis hin zur Gewährung völliger (bis zum Ende der elterlichen Sorge freilich auch zurücknehmbarer) Freiheit für den zur Selbstverantwortung fähigen Minderjährigen reichen[83].

VI. Prozessuale Handlungsfähigkeit

1. Begriff und Erfordernis der Altersbindung

Prozessuale Handlungsfähigkeit wird hier umfassend als die Fähigkeit verstanden, ein Recht vor Gerichten oder Behörden verfahrensmäßig wahrzunehmen[84]. Prozessuale Handlungsfähigkeit umfaßt Prozeßfähigkeit als die Fähigkeit, vor Gericht alle Prozeßhandlungen selbst oder durch selbst bestellte Vertreter wirksam vorzunehmen oder entgegenzunehmen[85], dazu die Handlungsfähigkeit im Verwaltungsverfahren als die Fähigkeit, Verfahrenshandlungen selbst oder durch selbstbestellte Vertreter wirksam vorzunehmen oder entgegenzunehmen[86]. In den Begriff wird hier außer-

---

[82] So bereits *Dürig*, Rz 24 zu Art. 19 Abs. 3 GG, passim, in: Maunz / Dürig, GG; *Kuhn*, Grundrechte und Minderjährigkeit, S. 41/42; ebenso z. B. *von Münch*, Rz 13 vor Art. 1 - 19, in: ders., GG.

[83] Ohne daß eine Tendenz zur Verflüchtigung anzunehmen wäre, wie *Gernhuber*, Familienrecht, § 49 VI 6, meint. Gegen eine Verflüchtigung der elterlichen Sorge auch *Ossenbühl*, Das elterliche Erziehungsrecht, S. 56, m. w. N.

[84] Vgl. auch den Gebrauch dieses Begriffes in BVerfGE 51, 405 (409), auf den die Definition als Fähigkeit, die erforderlichen Verfahrenshandlungen vorzunehmen (ebd. S. 407) zu beziehen ist. Dabei bleibt offen, ob das BVerfG auch die Fähigkeit, Verfahrenshandlungen im Verwaltungsverfahren einbezieht.

[85] *Rosenberg / Schwab*, ZPO, § 44 I. *Hartmann*, Anm. 1 zu § 51 in: Baumbach / Lauterbach, ZPO, definiert: die Fähigkeit, einen Prozeß selbst oder durch einen Vertreter zu führen.

[86] Nach *Ule*, Verwaltungsprozeßrecht, § 19, die Fähigkeit zur Vornahme von Verfahrenshandlungen. *Kopp*, VwGO, Rz 1 zu § 62, bezieht sich mit seiner Definition auf *Hartmann* (vgl. die vorige Anmerkung).

dem die Fähigkeit eingeschlossen, im Verfahren der freiwilligen Gerichtsbarkeit Verfahrenshandlungen selbst vorzunehmen oder entgegenzunehmen[87]. Wenn Behörden oder Gerichte im förmlichen Verfahren verbindlich über Rechte befinden, muß genau geregelt sein, wessen Verfahrenshandlungen wirksam sind und wem gegenüber Verfahrenshandlungen wirksam vorgenommen werden können. Daraus folgt, daß prozessuale Handlungsfähigkeit immer — unabhängig davon, ob die inhaltliche Handlungsfähigkeit für das bestimmte Recht altersgebunden oder nicht altersgebunden ist — an ein bestimmtes Alter gebunden sein muß. Auch das Alter für die prozessuale Handlungsfähigkeit darf allerdings nicht beliebig festgesetzt werden.

2. Prozessuale Handlungsfähigkeit Handlungsunfähiger als Ausnahme

Ausgangspunkt für die Regelung der prozessualen Handlungsfähigkeit natürlicher Personen ist der voll handlungsfähige Mensch, dem mit einem Recht nicht nur die Fähigkeit zu dessen inhaltlicher, sondern auch zu dessen prozessualer Wahrnehmung zukommt. Diese Regel wird im Unterbringungs- und Entmündigungsprozeß durchbrochen, insofern dort volljährige Handlungsunfähige, soweit es um ihre Entmündigung oder Unterbringung geht, selbständig Anträge stellen und Rechtsmittel einlegen können. Dies ist ein Rechtsgrundsatz, dem das Bundesverfassungsgericht durch seine Rechtsprechung allgemeine Anerkennung verschafft hat[88].

3. Verknüpfung der prozessualen Handlungsfähigkeit mit altersgebundener inhaltlicher Handlungsfähigkeit

Die Verletzung von Grundrechten durch die öffentliche Gewalt kann in allen Verfahren gerügt werden, wenn auch manche Grundrechte von den Zuständigkeitsregelungen her nur Gegenstand bestimmter Verfahren sein können. Da die prozessuale Handlungs-

---

[87] *Saage / Göppinger*, Freiheitsentziehung und Unterbringung, Rz 26 zu § 3 FreiheitsEntzG, sprechen im Hinblick auf das Verfahren der freiwilligen Gerichtsbarkeit von Verfahrensfähigkeit.

[88] BVerfGE 10, 302 (306) für die Verfassungsbeschwerde; unter Hinweis auf den von *Röhl*, Prozeßfähigkeit Geisteskranker, in: JZ 1956, 309 ff. dargestellten Meinungsstand.

fähigkeit nicht allgemein geregelt ist, müssen die verschiedenen Verfahrensgesetze in dieser Hinsicht auf ihre grundsätzlichen Regelungen und auf ihre speziellen Regelungen für Minderjährige hin betrachtet werden.

Für Verfahren vor allgemeinen Gerichten und Behörden knüpfen die Verfahrensvorschriften den Umfang der prozessualen Handlungsfähigkeit einer natürlichen Person an die Fähigkeit, sich durch Verträge zu verpflichten (§ 52 Abs. 1 ZPO; § 62 Abs. 1 Nr. 1 VwGO; § 58 Abs. 1 Nr. 1 FGO; § 71 Abs. 1 SGG; § 12 Abs. 1 Nr. 1 VwVfG). Außer der Zivilprozeßordnung, deren § 52 Abs. 1 ZPO insoweit keiner Ergänzung bedarf, führen die Verfahrensvorschriften die nach bürgerlichem Recht in der Geschäftsfähigkeit Beschränkten noch besonders an und erklären sie für prozessual handlungsfähig, soweit sie durch Vorschriften des bürgerlichen oder öffentlichen Rechts für den Gegenstand des Verfahrens als geschäftsfähig anerkannt sind "§ 62 Abs. 1 Nr. 2 VwGO; § 58 Abs. 1 Nr. 2 FGO; § 71 Abs. 2 SGG; § 12 Abs. 1 Nr. 2 VwVfG). Das Gesetz über die Angelegenheiten der freiwilligen Gerichtsbarkeit enthält den Eigenarten des Verfahrens entsprechend[89] keine allgemeinen Vorschriften über prozessuale Handlungsfähigkeit.

Im Zivilprozeß ist der Minderjährige, wenn er zum selbständigen Betrieb eines Erwerbsgeschäfts oder zum Eingehen von Dienstverhältnissen ermächtigt worden ist, in Entsprechung der ihm durch § 112 Abs. 1 oder § 113 Abs. 1 BGB gewährten inhaltlichen Handlungsfähigkeit gemäß § 52 Abs. 1 ZPO auch prozessual voll handlungsfähig. Volle prozessuale Handlungsfähigkeit kommt dem Minderjährigen, der gemäß § 112 oder § 113 BGB ermächtigt worden ist, im Rahmen der Ermächtigung auch im Verfahren der freiwilligen Gerichtsbarkeit zu. Er kann zum Beispiel Anträge zum Handelsregister stellen. Im Verfahren der freiwilligen Gerichtsbarkeit ist er außerdem in Entsprechung zu einer Reihe von Vorschriften des bürgerlichen Rechts prozeßfähig, die ihm die Fähigkeit verleihen, Rechtshandlungen unabhängig von dem gesetzlichen Vertreter selbständig vorzunehmen oder Rechte selbständig wahrzunehmen. Zum Beispiel kann der nach § 2229 BGB testierfähige Minderjährige die

---

[89] *Jansen*, FGG, § 13 Rz 19; § 59 Rz. 8.

Rückgabe des Testaments aus der amtlichen Verwahrung selbst fordern[90].

Darüber hinaus hat der über vierzehn Jahre alte Minderjährige, der nicht geschäftsunfähig ist, im Verfahren der freiwilligen Gerichtsbarkeit ohne entsprechende inhaltliche Handlungsfähigkeit im bürgerlichen Recht in bezug auf Angelegenheiten, die seine Person betreffen[91], ein selbständiges Beschwerderecht (§§ 59 und 63 FGG). Mit dem Beschwerderecht ist die Befugnis verbunden, alle Prozeßhandlungen vorzunehmen, die die Beschwerde mit sich bringt[92]. Der Minderjährige kann auf das Beschwerderecht verzichten und die Beschwerde zurücknehmen[93]. Er hat auch die Befugnis, Bevollmächtigte zur Beschwerdeführung zu bestellen[94].

Eine Vorschrift des öffentlichen Rechts, die den Minderjährigen für inhaltlich handlungsfähig erklärt und ihm damit gemäß § 12 Abs. 1 Nr. 2 VwVfG und § 62 Abs. 1 Nr. 2 VwGO auch prozessuale Handlungsfähigkeit verleiht, ist zum Beispiel § 5 FeuerbG. Der über 16 Jahre alte Minderjährige kann nach dieser Vorschrift eine Anordnung über seine Feuerbestattung treffen. Im öffentlichen Recht werden auch solche gesetzlichen Bestimmungen, die Altersgrenzen als Voraussetzung für eine behördliche Erlaubnis festsetzen, als Regelung der Handlungsfähigkeit verstanden[95]. Allerdings wird man jeweils prüfen müssen, ob der Minderjährige einen Antrag unabhängig von dem gesetzlichen Vertreter oder nur mit dessen Zustimmung stellen kann, weil selbständige prozessuale Handlungsfähigkeit nur dann angenommen werden kann, wenn unbeschränkte inhaltliche Handlungsfähigkeit vorliegt. So kann der Minderjährige, wenn er das vorgesehene Alter für die jeweilige Klasse der Fahrerlaubnis hat, einen Antrag auf Erteilung der Fahrerlaubnis stellen (§§ 7, 8 StVZO), jedoch (abgesehen von den Ausnahmen des § 14 Abs. 1 StVZO) nur mit Zustimmung seines gesetzlichen Vertreters[96].

---

[90] Ausführlich hierzu und mit Nachweisen: *Jansen*, § 59 Rz 7.
[91] *Keidel*, FGG, Rz 13 zu § 59; *Jansen*, FGG, Rz 11 zu § 59.
[92] *Keidel*, FGG, Rz 13 zu § 59.
[93] *Keidel*, FGG, Rz 14 zu § 59; *Jansen*, FGG, Rz 11 zu § 59.
[94] Vgl. dazu z. B.: *Keidel*, FGG, § 13 Rz 28.
[95] *Erichsen / Martens*, Das Verwaltungshandeln, in: dies., Allg.Vwrecht, § 10 II 3, m. w. N.
[96] *Drees / Kuckuk / Werny*, Straßenverkehrsrecht, Rz 2 zu § 7 StVZO.

Der bedingt strafmündige Jugendliche ist im Prozeß vor dem Jugendgericht prozessual handlungsfähig. Ihm stehen grundsätzlich dieselben prozessualen Rechte wie dem volljährigen Beschuldigten oder Angeklagten zu[97]. Gewisse Abweichungen, wie zum Beispiel die Verkürzung des Rechtsmittelzuges (§ 55 JGG) sind zulässig, wenn sie mit dem besonderen Sinn des Jugendstrafverfahrens, das auch dem Erziehungsgedanken Rechnung trägt, im Zusammenhang stehen. Dem ist hier aber nicht im einzelnen nachzugehen.

4. Prozessuale Handlungsfähigkeit und gesetzliche Vertretung

Soweit keine besonderen Vorschriften über die prozessuale Handlungsfähigkeit des Minderjährigen vorliegen, obliegt die prozessuale Wahrnehmung seiner Rechte dem gesetzlichen Vertreter. Das gilt auch für höchstpersönliche Rechte, deren inhaltliche Wahrnehmung nicht übertragen werden kann, und die dem Minderjährigen ohne bestimmtes Mindestalter zustehen. Hier kann die prozessuale Handlungsfähigkeit der inhaltlichen Handlungsfähigkeit nicht folgen[98], denn prozessuale Handlungsfähigkeit kann aus den am Anfang dieses Abschnitts genannten Gründen ohne Altersbindung nicht gedacht werden. Inhaltliche Handlungsfähigkeit ohne Altersbindung kann also prinzipiell kein Anknüpfungspunkt für prozessuale Handlungsfähigkeit des Minderjährigen sein.

Bei der Betrachtung der Vorschriften, die dem Minderjährigen prozessuale Handlungsfähigkeit gewähren, dürfen die Bestimmungen nicht außer acht bleiben, die den Eltern (den Erziehungsberechtigten, dem gesetzlichen Vertreter) Einflußmöglichkeiten bewahren. Hat der gesetzliche Vertreter den Minderjährigen mit Genehmigung des Vormundschaftsgerichts gemäß § 112 Abs. 1 BGB zum Betrieb eines Erwerbsgeschäfts ermächtigt, ist der Minderjährige zwar im Rahmen dieser Ermächtigung gemäß § 52 ZPO und den entsprechenden Vorschriften der übrigen Verfahrensordnungen voll prozeßfähig. Der gesetzliche Vertreter kann die Ermächtigung nach § 112

---

[97] K. *Peters*, Strafprozeß, S. 572.
[98] Von der hier abgelehnten Terminologie aus *Dürig*, Rz 27 zu Art. 19 Abs. 3, in: Maunz / Dürig, GG: „Eine generelle Gleichsetzung von Grundrechtsmündigkeit und Prozeßfähigkeit verbietet sich." Ebenso: *von Münch*, Rz 11 Vorb. zu Art. 1 - 19, in: ders., GG.

Abs. 2 BGB aber (mit Genehmigung des Vormundschaftsgerichts) zurücknehmen, wenn dies dem Interesse des Minderjährigen entspricht[99]. Entsprechendes gilt für die Ermächtigung zur Eingehung von Dienst- und Arbeitsverhältnissen nach § 113 Abs. 2 BGB, bei deren Erteilung oder Zurücknahme das Vormundschaftsgericht allerdings nicht mitwirkt.

Soweit die Person des Minderjährigen betreffende Angelegenheiten im Verfahren der freiwilligen Gerichtsbarkeit behandelt werden, steht dem über 14 Jahre alten Minderjährigen zwar das Recht der Beschwerde und der weiteren Beschwerde zu (§§ 59 und 63 FGG). Daneben bleibt das Beschwerderecht der Sorgeberechtigten jedoch bestehen[100]. Für die Angelegenheiten, in denen der Minderjährige inhaltlich voll handlungsfähig ist, wie zum Beispiel gemäß § 2229 BGB für die Errichtung eines öffentlichen Testaments, gilt dies allerdings nicht.

Im Jugendstrafverfahren haben die Erziehungsberechtigten und der gesetzliche Vertreter neben dem Jugendlichen das Recht, gehört zu werden, Fragen und Anträge zu stellen und bei Untersuchungshandlungen anwesend zu sein (§ 67 Abs. 1 JGG). Beide haben neben dem Jugendlichen die Befugnis, Rechtsmittel einzulegen. Allerdings bedürfen sie der Zustimmung des Jugendlichen zur Zurücknahme des von ihnen eingelegten Rechtsmittels (§ 55 Abs. 3 JGG).

Ob die Rechte des gesetzlichen Vertreters neben denen des Minderjährigen, der nach Vorschriften des öffentlichen Rechts inhaltlich handlungsfähig und demgemäß prozessual handlungsfähig ist, bestehen bleiben, ist streitig[101]. Das Argument, es könne dadurch zu widersprüchlichen Prozeßhandlungen kommen[102], schlägt angesichts der Regelungen im Strafrecht und im Verfahren der freiwilligen Gerichtsbarkeit nicht durch. Maßgeblich muß vielmehr sein, ob der Minderjährige inhaltlich voll handlungsfähig ist oder nicht. Solange der gesetzliche Vertreter bestimmten Rechtshandlungen des Minder-

---

[99] Vgl. hierzu: *Hefermehl*, Rz 6 zu § 112, in: Soergel, BGB.
[100] *Jansen*, FGG, Rz 18 zu § 13; Rz 8 zu § 59; *Keidel*, FGG, § 59 Rz 1.
[101] Bejahend: für das Verwaltungsverfahren *Kopp*, VwVfG, Rz 6 zu § 12; *Ule/Laubinger*, § 16 I 2; *Wolff/Bachof*, § 156 III c; für den Verwaltungsprozeß *Kopp*, VwGO, Rz 4 zu § 62; *Redeker/von Oertzen*, VwGO, Rz 4 zu § 62. Anders: *Borgs*, in: Meyer/Borgs, VwVfG, Rz 2 zu § 11.
[102] *Borgs* (Anm. 101).

jährigen zustimmen muß, kann ihm die Befugnis, neben dem Minderjährigen oder an seiner Stelle ein darauf bezogenes Verwaltungsverfahren oder einen darauf bezogenen Verwaltungsprozeß zu führen, kaum abgesprochen werden.

Ein besonderes Regelungsmuster enthält das Sozialgesetzbuch. Die prozessuale Handlungsfähigkeit, die § 36 Abs. 1 SGB-AT dem über 15 Jahre alten Minderjährigen gewährt, der zum Beispiel selbst einen Antrag auf Sozialhilfe stellen kann, vermag der gesetzliche Vertreter kraft Gesetzes durch schriftliche Erklärung gegenüber dem Leistungsträger einzuschränken. Bestimmte Willenserklärungen, wie der Verzicht auf Sozialleistungen, bedürfen außerdem in jedem Fall der Zustimmung des gesetzlichen Vertreters (§ 36 Abs. 2 SGB-AT). Das Recht des gesetzlichen Vertreters, die Handlungsfähigkeit des Minderjährigen im behördlichen Verfahren einzuschränken, wirkt sich auch auf dessen Prozeßfähigkeit vor dem Sozialgericht aus (§ 79 Abs. 2 SGG).

Das geltende Recht bietet also insgesamt ein sehr differenziertes Instrumentarium, um der sich allmählich entwickelnden Handlungsfähigkeit einerseits, den unterschiedlichen Anforderungen der einzelnen Rechte an Art und Umfang der Handlungsfähigkeit andererseits, und schließlich den Bedürfnissen des Rechtsverkehrs, dem Schutzbedürfnis des Minderjährigen und der Verantwortung der Sorgeberechtigten gerecht zu werden. Erst in Verbindung mit den jeweils maßgeblichen Vorschriften kann die Tragweite der dem Minderjährigen in bezug auf einzelne Rechte zustehenden Handlungsfähigkeit voll erfaßt werden.

5. Der Maßstab für die prozessuale Vertretung des Minderjährigen

Der gesetzliche Vertreter darf bei der Wahrnehmung der prozessualen Befugnisse für den Minderjährigen den Zusammenhang mit dem Inhalt des jeweiligen Rechts nicht aus dem Auge verlieren. Er muß sich bewußt sein, daß die Gesamtheit seiner Befugnisse, einschließlich der prozessualen Wahrnehmung der Rechte des Minderjährigen, dem Konstitutionsprinzip des Art. 1 GG untersteht. Das ist bei der prozessualen Wahrnehmung gerade der höchstpersönlichen nicht altersgebundenen Rechte von großer Bedeutung. Angesichts der starken Personbezogenheit dieser Rechte mag manches für die Herabsetzung des Alters für die selbständige Wahrnehmung sprechen. Doch darf bei Überlegungen hierzu die Andersartigkeit der Anforderungen an die prozessuale Handlungsfähigkeit nicht außer acht bleiben. Große künstlerische Begabung etwa braucht nach aller Erfahrung nicht unbedingt mit den Fähigkeiten zur Wahrnehmung von Rechten zu korrelieren.

E. Prozessuale Handlungsfähigkeit und Verfassungsbeschwerde

I. Prozessuale Handlungsfähigkeit Handlungsunfähiger

Der für das Verfahren vor den allgemeinen Gerichten bereits angeführte Grundsatz, nach dem ein Handlungsunfähiger, sofern es um seine Entmündigung oder Unterbringung geht, selbst Anträge stellen und Rechtsmittel einlegen kann, ist vom Bundesverfassungsgericht selbst gerade auch für die Verfassungsbeschwerde aufgenommen und durchgesetzt worden[103]. Dieser Grundsatz durchbricht für alle Verfahren, auf die er anwendbar ist, die Regel, daß Handlungsunfähige nicht prozeßfähig sind. Für alle diese Verfahren hat er Ausnahmecharakter und berechtigt deshalb nicht zu Schlüssen auf eine besondere Prozeßfähigkeit im Verfahren der Verfassungsbeschwerde, die sich an den durch Entmündigung und Unterbringung betroffenen Grundrechten (Art. 2 Abs. 1 GG — Vertragsfreiheit; Art. 2 Abs. 2 GG — Freiheit der Person) beispielhaft zeigt[104]. Das Bundesverfassungsgericht selbst stellt vielmehr fest, prozessuale Handlungsfähigkeit setze die materiell-rechtliche hinsichtlich des streitigen Rechtsverhältnisses voraus[105] und formuliert damit die Regel, ohne allerdings die einzige von ihr anerkannte Ausnahme zu erwähnen[106].

---

[103] Siehe Anm. 88.

[104] Zu weitgehend: *Schmidt-Bleibtreu*, Rz 35 zu § 90 in: Maunz / Schmidt-Bleibtreu, BVerfGG. Wenn das Alter für die Wahlfähigkeit niedriger läge als für die Geschäftsfähigkeit, wäre der Wahlfähige gemäß § 62 Abs. 1 Nr. 2 VwGO prozessual handlungsfähig und deshalb auch für die Verfassungsbeschwerde prozessual handlungsfähig. Im übrigen läßt BVerfGE 19, 93 (100/101) die Frage der prozessualen Handlungsfähigkeit im Verfahren der Verfassungsbeschwerde bewußt offen.

[105] *BVerfGE* 51, 405 (409).

[106] Wenn nach der Beschwerdebefugnis gefragt wird, sind meist Fragen der Zulässigkeit der Beschwerde (mit) gemeint, vgl. z. B. *Spanner*, Das Bundesverfassungsgericht, S. 145; *Erichsen*, Die Verfassungsbeschwerdebefugnis, VerwArch 67 (1976), 187 - 193.

II. Der Zusammenhang mit der prozessualen Handlungsfähigkeit vor allgemeinen Gerichten

Das Bundesverfassungsgericht hat die Fähigkeit, im Verfahren der Verfassungsbeschwerde Verfahrenshandlungen vorzunehmen, immer wieder an der „Ausgestaltung der in Anspruch genommenen Grundrechte und deren Beziehung auf das im Ausgangsverfahren streitige Rechtsverhältnis"[107] ausgerichtet. Das Gericht stellt damit auf den hier schon mehrfach als bedeutsam anerkannten Zusammenhang zwischen einfachem Recht und Verfassungsrecht ab[108], der in der Tat in weitem Bogen von der Rechtsfähigkeit und der mit ihr verbundenen Beteiligtenfähigkeit über die inhaltliche und prozessuale Handlungsfähigkeit vor den allgemeinen Gerichten bis zu der vor dem Bundesverfassungsgericht zu verfolgen ist. Dieser Zusammenhang sollte nur unberücksichtigt bleiben, wenn spezifisch verfassungs-verfahrensrechtliche Gründe dafür sprechen.

Vielleicht irritiert die Vorstellung, ein Vierzehnjähriger oder ein Sechzehnjähriger solle selbständig Verfassungsbeschwerde zum Bundesverfassungsgericht erheben dürfen, zunächst. Doch erscheint die Frage angebracht, ob einem Minderjährigen, der in bezug auf ein bestimmtes Recht inhaltlich voll handlungsfähig ist, und der vor den allgemeinen Gerichten auch volle prozessuale Handlungsfähigkeit besitzt, und der die Verletzung des Grundrechts, das seinem Recht entspricht, vor den allgemeinen Gerichten in allen Instanzen geltend machen kann, der letzte Schritt zur Abwehr von staatlichen Beeinträchtigungen seines Grundrechts verwehrt sein soll. Die Bedeutung, die Grundrechte für Minderjährige nicht weniger als für Erwachsene haben, läßt nur ein Nein auf diese Frage zu. Diesem Ergebnis entsprechend hat das Bundesverfassungsgericht die prozessuale Handlungsfähigkeit des (nach früherem Recht) minderjährigen Wehrpflichtigen anerkannt[109]. Das Gericht hat auch bereits, ohne darüber entscheiden zu müssen, entsprechende Erwägungen über die prozessuale Handlungsfähigkeit des Minderjährigen angestellt,

---

[107] *BVerfGE* 51, 405 (407) m. N.
[108] Vgl. die Überlegungen zur Grundrechtsfähigkeit, Beteiligtenfähigkeit und Grundrechtsmündigkeit.
[109] *BVerfGE* 28, 243 (254); weiter *BVerfGE* 28, 264 (274) und *BVerfGE* 28, 282 (288), beide unter Bezugnahme auf die erstgenannte Entscheidung.

für den nach dem Gesetz über die religiöse Kindererziehung bestimmte Altersstufen für die Wahrnehmung von Rechten maßgeblich sind[110]. Nach den hier angestellten Überlegungen wird man dabei jedoch die Abstufungen der Handlungsfähigkeit berücksichtigen und zu differenzierten Lösungen kommen müssen.

III. Ablehnung der Kriterien „Grundrechtsfähigkeit" und „Grundrechtsmündigkeit"

Wenn gegenüber der hier vertretenen Ansicht als Voraussetzung für die prozessuale Handlungsfähigkeit im Verfahren der Verfassungsbeschwerde Grundrechtsfähigkeit gefordert wird[111], ist dem nicht nur wegen der hier abgelehnten Terminologie zu widersprechen, sondern auch, weil die Innehabung eines Grundrechts allein nicht ausreicht, um Feststellungen über die prozessuale Handlungsfähigkeit zu treffen. Auch (Grundrechts)Mündigkeit kann nicht allgemein zur Voraussetzung für die prozessuale Handlungsfähigkeit im Verfahren der Verfassungsbeschwerde erhoben werden[112], weil Mündigkeit im Sinne altersgebundener, auf ein bestimmtes Recht bezogener Handlungsfähigkeit nur bei Rechten gefordert werden kann, die einer Altersbindung zugänglich sind. Außerdem müßten über inhaltliche und prozessuale Handlungsfähigkeit jeweils besondere Feststellungen getroffen werden.

IV. Keine Notwendigkeit für Spezialregelungen

Im Verfahren der Verfassungsbeschwerde ist der Minderjährige nach allem prozessual handlungsfähig, der die auf ein bestimmtes (Grund)Recht bezogene inhaltliche Handlungsfähigkeit besitzt, und dem besondere Vorschriften des einfachen Rechts prozessuale Handlungsfähigkeit vor den allgemeinen Gerichten gewähren, die ihn

---

[110] So bereits BVerfGE 1, 87 (89).
[111] *Leibholz / Rupprecht*, Rz 12 zu § 90 BVerfGG; *von Mutius*, Grundrechtsfähigkeit, in: Jura 1983, 31.
[112] *Zuck*, Die Verfassungsbeschwerde, S. 149; *Schmidt-Bleibtreu*, Rz 35 zu § 90, in: Maunz / Schmidt-Bleibtreu, BVerfGG; *Pestalozza*, Verf.prozeßrecht, S. 99.

auch berechtigt, die das bestimmte einfachgesetzliche Recht verstärkende grundrechtliche Garantie gegen Verletzungen zu verteidigen[113]. Der Minderjährige kann hiernach selbständig Verfassungsbeschwerde einlegen, wenn das einfache Gesetz ihm im Einklang mit dem Grundgesetz für bestimmte altersgebundene (Grund)Rechte die Befugnis gibt, durch Antrag oder Klage ein Verfahren selbständig in Gang zu setzen oder selbständig Rechtsmittel einzulegen. Das muß auch dann gelten, wenn der gesetzliche Vertreter neben dem Minderjährigen handlungsbefugt bleibt.

Altersmäßig nicht gebundene bestimmte (Grund)Rechte, für die dem Minderjährigen nach einfachem Gesetz keine prozessuale Handlungsfähigkeit zusteht, kann er auch nicht im Wege der Verfassungsbeschwerde verfolgen, ungeachtet bestehender inhaltlicher Handlungsfähigkeit. Die Verfassungsbeschwerde des Minderjährigen ist auch für solche bestimmten Rechte ausgeschlossen, die ihm von Anfang an zustehen oder zustehen können, und deren Wahrnehmung allein dem gesetzlichen Vertreter obliegt. Nicht nur für die Beteiligtenfähigkeit, sondern auch für die prozessuale Handlungsfähigkeit bedarf es für das Verfahren der Verfassungsbeschwerde vor dem Bundesverfassungsgericht also keiner besonderen, von allen sonstigen Verfahren abweichenden Regelung[114].

---

[113] *Schuler*, Die Verfassungsbeschwerde nach schweizerischem, deutschem und österreichischem Recht, JöR NF Bd. 19 (1970), 160, übergeht mit seiner Forderung nach Grundrechtsträgerschaft und prozessualer Handlungsfähigkeit das Zwischenglied der inhaltlichen Handlungsfähigkeit, während *Geiger*, BVerfGG, Rz 1 zu § 90, die Befugnis, persönlich eine rechtserhebliche Entscheidung zu treffen oder selbständig einen Prozeß zu führen, fordert und damit inhaltliche und prozessuale Handlungsfähigkeit jeweils für sich zur Voraussetzung macht.

[114] Allgemein zu dieser Frage: *Stern*, Staatsrecht, Bd. II, § 44 V 1 c. Vgl. auch die Hinweise in Anm. 55.

F. Ausblick

Die mit Wirkung vom 1. Januar 1975 eingetretene Herabsetzung des Volljährigkeitsalters von 21 auf 18 Jahre hat die Fähigkeit zur inhaltlichen und prozessualen Wahrnehmung aller an den Eintritt der Volljährigkeit gebundener Rechte um drei Jahre vorverlegt. Ob es angebracht ist, das Alter für die Fähigkeit zur prozessualen Wahrnehmung von Rechten weiter herabzusetzen, wurde am Ende des Abschnitts D für die nicht altersgebundenen höchstpersönlichen Rechte schon kurz erwogen. Die Gründe dafür und dagegen scheinen sich mehr oder weniger die Waage zu halten. Vielleicht würde eine Regelung den unterschiedlichen Erfordernissen am besten entgegenkommen, nach der das Alter für die prozessuale Wahrnehmung dieser Rechte auf 16 Jahre herabgesetzt wird, bei gleichzeitiger Beibehaltung der Rechte des gesetzlichen Vertreters.

Alle Erwägungen zur Einführung neuer Altersstufen für die inhaltliche Handlungsfähigkeit[115], müssen von der Unterscheidung ausgehen, die hier im Hinblick auf die Beziehung zwischen dem bestimmten Recht und der Festsetzung eines bestimmten Alters getroffen worden ist. Die Rechte, die einer altersmäßigen Regelung widerstreben, können sogleich außer acht gelassen werden. Bei Rechten, die für jeden von vornherein gelten oder gelten können, ist je einzeln zu ermitteln, ob die für sie in Ermangelung anderer Regelungen geltende Volljährigkeitsgrenze herabgesetzt werden sollte. Dabei wird es im wesentlichen nicht um den Katalog der benannten Grundrechte gehen, sondern um einzelne Rechte, die aus Art. 2 Abs. 1 GG als Auffangrecht für zunächst unbenannte Freiheitsrechte[116] abgeleitet worden sind oder noch abgeleitet werden — meist Rechte, die die Selbstbestimmung in Angelegenheiten der eigenen Person betreffen. Denkbar sind dabei Regelungen, die ohne Bedin-

---

[115] Überlegungen dazu bei: *Bleckmann*, Allgemeine Grundrechtslehren, S. 298/299.

[116] *Walter Schmidt*, Die Freiheit vor dem Gesetz, AöR 91 (1966), 42 - 85.

gung an ein bestimmtes Alter anknüpfen, und solche, die bei Erreichen eines bestimmten Alters bestimmte Rechte gewähren, wenn die individuelle Einsichtsfähigkeit und die individuelle Fähigkeit, nach dieser Einsicht zu handeln, zu bejahen sind. Bei Neuregelungen wird zu bedenken sein, daß bedingte Rechte leicht Schwierigkeiten mit sich bringen, weil sie an diejenigen, die ihr Handeln von der Einschätzung des Minderjährigen abhängig machen müssen, im Alltag zu hohe Anforderungen stellen[117]. Solche Schwierigkeiten werden bei Rechten mit bestimmten Altersstufen vermieden[118].

---

[117] Zu derartigen Problemen für den Schulpsychologen oder Schülerberater: *Fehnemann*, Artikel 6 des Grundgesetzes und das Schulrecht, speziell das Bremische Schulverwaltungsgesetz, FamRZ 1982, 753 - 756 m. N.

[118] Für bestimmte Altersgrenzen z. B. *Bosch*, Volljährigkeit — Ehemündigkeit — elterliche Sorge, FamRZ 1973, 489 - 508; und FamRZ 1974, 1 - 5; *Fehnemann*, Rechtsfragen des Persönlichkeitsschutzes bei der Anwendung psychodiagnostischer Verfahren in der Schule, S. 159 - 165, m. w. N.; *Zenz*, Kindeswohl und Selbstbestimmung, in: Kühn / Tourneau, Familienrechtsreform — Chancen einer besseren Wirklichkeit? S. 169 (173) für die Entscheidung über die ärztliche Behandlung (in Verbindung mit den Sorgeberechtigten).

G. Zusammenfassung

Zwischen Rechtsfähigkeit und Beteiligtenfähigkeit, inhaltlicher und prozessualer Handlungsfähigkeit bestehen innere Zusammenhänge, die sich kraft des außerdem bestehenden Zusammenhangs zwischen einfachem Recht und Grundrechten auf diese gemeinsam und bis in das Verfassungsprozeßrecht hinein auswirken.

Für die Innehabung eines Grundrechts ist Rechtsfähigkeit erforderlich und ausreichend. Rechtsfähigkeit bezieht sich auf alle Rechte, Grundrechte eingeschlossen. Grundrechtsfähigkeit im Sinne einer verfassungsrechtlichen Kategorie von Rechtsfähigkeit kann es deshalb von daher nicht geben. Grundrechtsfähigkeit besteht auch nicht als eine besondere Rechtsfähigkeit neben einer allgemeinen Rechtsfähigkeit, weil inhaltlich unbeschränkte Rechtsfähigkeit keine inhaltlich beschränkte Rechtsfähigkeit neben sich duldet.

Für die Wahrnehmung eines (Grund)Rechts ist Handlungsfähigkeit erforderlich. Fragen der Handlungsfähigkeit können jedoch nicht für alle Rechte einheitlich beantwortet werden. Vielmehr kommt es darauf an, ob

— ein Recht dem einzelnen von vornherein zusteht oder zustehen kann,

— ein Recht bei dem einzelnen ein bestimmtes Alter voraussetzt oder

— ein Recht für den einzelnen ohne Festlegung eines bestimmten Alters gilt.

Ein bestimmtes Recht kann nur mit einer Altersbindung versehen werden, wenn dies aus Gründen der Rechtssicherheit, der Zweckmäßigkeit und des Schutzes des Handlungsunfähigen oder beschränkt Handlungsfähigen erforderlich ist. Darüber hinaus ist eine Altersbindung nicht zulässig.

G. Zusammenfassung

Altersgebundene inhaltliche Handlungsfähigkeit ist im geltenden Recht mit entsprechender prozessualer Handlungsfähigkeit verbunden. Prozessuale Handlungsfähigkeit kann inhaltlicher Handlungsfähigkeit, die nicht an ein Alter gebunden ist, aber nicht folgen, weil prozessuale Handlungsfähigkeit immer altersgebunden sein muß. Bei bestimmten Rechten, die für jeden von vornherein gelten oder gelten können, liegt inhaltliche und prozessuale Handlungsfähigkeit zunächst immer bei dem gesetzlichen Vertreter.

Grundrechtsmündigkeit als eine von der einfachgesetzlichen Mündigkeit abgehobene Kategorie gibt es nicht, weil verfassungsrechtliche Altersbestimmungen auch für das einfache Recht maßgeblich sind, und weil einfachgesetzliche Altersbestimmungen nur in Einklang mit der Verfassung erlasen werden können. Zwischen Mündigkeit nach einfachem Recht und nach Verfassungsrecht besteht deshalb insoweit kein Unterschied. (Grundrechts)Mündigkeit kann aber auch nicht allgemein gefordert werden, weil es sich bei ihr um altersgebundene Handlungsfähigkeit handelt. Es gibt jedoch eine Anzahl von (Grund)Rechten, die altersgebundener Regelung nicht zugänglich sind.

Die Grundrechte des Minderjährigen stehen der elterlichen Sorge nicht entgegen. Die Eltern (der Erziehungsberechtigte, der gesetzliche Vertreter) müssen alle Komponenten der elterlichen Sorge jedoch dem Konstitutionsprinzip des Art. 1 GG entsprechend ausüben. Nach diesem Prinzip ist die elterliche Sorge so wahrzunehmen, wie Schutz und Achtung der Würde des Kindes und seiner Freiheit — diese zugleich in ihrer verfassungsmäßigen Bindung und Gemeinschaftsbezogenheit — es gebieten. Art. 1 GG verpflichtet die Eltern, bei der Pflege und Erziehung des Kindes den Eigenwert, das heißt zugleich die Eigenart, des Kindes zu achten und mit ihren Maßnahmen auf die Individualität des Kindes einzugehen, dabei aber auch die dem Kind als sozialbezogenem Glied der Gemeinschaft gezogenen Grenzen zu berücksichtigen.

Soweit der Minderjährige für ein bestimmtes altersgebundenes Recht inhaltlich und prozessual selbständig handlungsfähig ist, kommt ihm auch im Verfahren der Verfassungsbeschwerde Handlungsfähigkeit zu. Soweit der Minderjährige in bezug auf bestimmte Rechte, die übertragbar sind oder deren Wahrnehmung übertragbar ist, nicht oder nur beschränkt handlungsfähig ist, obliegt die Wahrnehmung dem gesetzlichen Vertreter. Das gilt auch für die prozessuale Wahrnehmung höchstpersönlicher Rechte, für die der Minderjährige ohne Altersbestimmung inhaltlich handlungsfähig ist. Die mangelnde prozessuale Handlungsfähigkeit schließt auch die Befugnis zur selbständigen Verfassungsbeschwerde aus.

Überlegungen zu neuen Altersregelungen können nur in bezug auf Rechte angestellt werden, die einer Altersregelung überhaupt zugänglich sind. Bei der Herabsetzung des Alters für die Fähigkeit zur prozessualen Wahrnehmung eines bestimmten Rechts wäre zwar den Anforderungen, die die prozessuale Wahrnehmung eines Rechts allgemein stellt, gebührende Aufmerksamkeit zu schenken. Doch steht dem das eigene Gewicht insbesondere der höchstpersönlichen Rechte, die dem Minderjährigen ohne Altersbindung zustehen, gegenüber. Bei der Neuregelung des Alters für die Fähigkeit zur inhaltlichen Wahrnehmung eines Rechts werden im wesentlichen solche Rechte in Betracht kommen, die aus Art. 2 Abs. 1 GG bereits abgeleitet worden sind oder noch abgeleitet werden. Aus rechtspraktischen Erwägungen wäre dabei Regelungen mit der Festsetzung bestimmter Altersstufen der Vorzug vor solchen Regelungen zu geben, bei denen von einem bestimmten Alter an lediglich bedingte Handlungsfähigkeit besteht.

Literaturverzeichnis

Achterberg, Norbert: Allgemeines Verwaltungsrecht. Heidelberg 1982
(zit.: Achterberg, Allg. VerwR)

Baumbach, Adolf / Wolfgang *Lauterbach* / Jan *Albers* / Peter *Hartmann:* Zivilprozeßordnung, 41. Aufl., München 1983
(zit.: Baumbach / Lauterbach, ZPO)

Beitzke, Günther: Gleichheit von Mann und Frau. In: GR II, 199 - 242

Bleckmann, Albert: Allgemeine Grundrechtslehren. Köln etc. 1982

Böckenförde, Ernst-Wolfgang: Elternrecht — Recht des Kindes — Recht des Staates. Münster 1980, S. 54 - 98. Ess. Gespr. Bd. 14
(zit.: Böckenförde, Elternrecht)

Bosch, Friedrich Wilhelm: Rückblick und Ausblick. In: FamRZ 1980, 739 - 749 und 849 - 853.

— Volljährigkeit — Ehemündigkeit — elterliche Sorge. In: FamRZ 1973, 489 - 508 und 1974, 1 - 5.

Brox, Hans: Erl. zu §§ 104 ff. In: Erman, BGB

Coing, Helmut: Erl. zu § 1. In: Staudinger, BGB (mit Norbert Habermann)

Dürig, Günter: Erl. zu Art. 1 (1958); Art. 19 Abs. 3 (1977); Art. 19 Abs. 4 (1958). In: Maunz / Dürig, GG

— Freizügigkeit. In: GR II, 507 - 534

Engelmann, Klaus: Prozeßgrundsätze im Verfassungsprozeßrecht. Zugleich ein Beitrag zum materiellen Verständnis des Verfassungsprozeßrechts. Berlin 1977

Enneccerus, Ludwig / Hans Carl *Nipperdey:* Allgemeiner Teil des Bürgerlichen Rechts, Lehrbuch, 15. Aufl., Tübingen 1959
(zit.: Enneccerus / Nipperdey, AT)

Erichsen, Hans-Uwe: Die Verfassungsbeschwerdebefugnis. In: VerwArch 67 (1967), 187 - 193

Erichsen, Hans-Uwe / Wolfgang *Martens:* Das Verwaltungshandeln. In: dies. (Hrsg.), Allgemeines Verwaltungsrecht, 5. Aufl., Berlin und New York 1981

Erman, Walter: Handkommentar zum Bürgerlichen Gesetzbuch, 2 Bde., 7. Aufl., Münster 1981
(zit.: Erman, BGB)

Fabricius, Fritz: Die Relativität der Rechtsfähigkeit. München und Berlin 1963

Fehnemann, Ursula: Bemerkungen zum Elternrecht in der Schule. In: DÖV 1978, 489 - 496

— Elternrecht und elterliche Rechte nach Volljährigkeit des Kindes? In: ZBlJugR 1980, 605 - 619

— Über die Ausübung von Grundrechten durch Minderjährige. In: RdJ 1967, 281 - 287

— Zur näheren Bestimmung des grundgesetzlichen Elternrechts. In: DÖV 1982, 353 - 358

Flume, Werner: Allgemeiner Teil des Bürgerlichen Rechts. 2. Bd., Das Rechtsgeschäft, 3. Aufl., Berlin etc. 1979
(zit.: Flume, Rechtsgeschäft)

Fröhlinger, Margot: Die Erledigung der Verfassungsbeschwerde. Baden-Baden 1982

Füsslein, Rudolf Werner: Vereins- und Versammlungsfreiheit. In: GR II, 425 - 455

Geiger, Willi: Einige Besonderheiten im verfassungsgerichtlichen Prozeß. Heidelberg/Karlsruhe 1981

— Gesetz über das Bundesverfassungsgericht. Berlin und Frankfurt 1952

Gernhuber, Joachim: Lehrbuch des Familienrechts, 3. Aufl., München 1980
(zit.: Gernhuber, Lehrbuch)

Gitter, Wolfgang: Erl. zu §§ 1 ff. BGB. In: MünchKomm

Grunsky, Wolfgang: Arbeitsgerichtsgesetz, 4. Aufl., München 1981

Habermann, Norbert: Erl. zu §§ 1 ff. In: Staudinger, BGB (mit Helmut Coing)

Habscheid, Walther J.: Freiwillige Gerichtsbarkeit, 6. Aufl., München 1977
(zit.: Habscheid, FGG)

Häberle, Peter: Grundprobleme der Verfassungsgerichtsbarkeit. In: ders. (Hrsg.), Verfassungsgerichtsbarkeit, Darmstadt 1976, 1 - 45

Hartmann, Peter: Erl. zu §§ 1 ff. In: Baumbach / Lauterbach, ZPO

Hefermehl, Wolfgang: Erl. zu §§ 104 ff. In: Soergel, BGB

Heinrichs, Helmut: Erl. zu §§ 1 ff. In: Palandt, BGB

Hendrichs, Sigurd: Erl. zu Art. 19. In: von Münch, GG

Hesse, Konrad: Grundzüge des Verfassungsrechts der Bundesrepublik Deutschland, 13. Aufl., Karlsruhe 1982
(zit.: Hesse, Grundzüge)

Jansen, Paul: FGG, Kommentar, 2. Aufl., Berlin, Bd. 1 1969, Bd. 2 1970

Jauernig, Othmar (Hrsg.): Bürgerliches Gesetzbuch, 2. Aufl., München 1981

Keidel, Theodor / Joachim *Kuntze* / Karl *Winkler:* Freiwillige Gerichtsbarkeit, 11. Aufl., München 1978
(zit.: Keidel, FGG)

Knack, Hans Joachim: Verwaltungsverfahrensgesetz, 2. Aufl., Köln etc. 1982
(zit.: Knack, VwVfG)

Kommentar von Reichsgerichtsräten und Bundesrichtern, Bd. 1, 12. Aufl., Berlin 1982
(zit.: BGB — RGRK)

Kommentar zum Bonner Grundgesetz (Bonner Kommentar), Hamburg 1950 ff.
(zit.: BK)

Kopp, Ferdinand O.: Verwaltungsgerichtsordnung, 5. Aufl., München 1981
(zit.: Kopp, VwGO)

— Verwaltungsverfahrensgesetz, 2. Aufl., München 1980
(zit.: Kopp, VwVfG)

Krüger, Hildegard: Rechtsausübung durch Jugendliche (Grundrechtsmündigkeit) und elterliche Gewalt. In: FamRZ 3 (1956) 329 - 335

Krüger-Nieland, Gerda: Erl. zu §§ 1 ff. In: BGB — RGRK

Kuhn, Gustav: Grundrechte und Minderjährigkeit. Neuwied und Berlin 1965

Lange, Heinrich / *Köhler*, Helmut: BGB Allgemeiner Teil, 17. Aufl., München 1980
(zit.: Lange / Köhler, AT BGB)

Larenz, Karl: Allgemeiner Teil des deutschen Bürgerlichen Rechts, 5. Aufl., München 1980
(zit.: Larenz, AT BGB)

— Schuldrecht, 2. Bd., 12. Aufl., München 1981
(zit.: Larenz, Schuldrecht)

Lehmann, Heinrich / Heinz *Hübner:* Allgemeiner Teil des Bürgerlichen Gesetzbuchs, 17. Aufl., Berlin 1982
(zit.: Lehmann / Hübner, AT BGB)

Leibholz, Gerhard / Reinhard *Rupprecht:* Bundesverfassungsgerichtsgesetz. Köln 1968

Lerche, Peter: Übermaß und Verfassungsrecht. Zur Bindung des Gesetzgebers an die Grundsätze der Verhältnismäßigkeit und der Erforderlichkeit. Köln etc. 1961
(zit.: Übermaß und Verfassungsrecht)

Löwe, Walter: Stichwort: Person. In: EvStL, 2. Aufl., Stuttgart 1975, Spalte 1803 - 1806

von Mangoldt, Hermann / Friedrich *Klein:* Das Bonner Grundgesetz, Bd. 1, 2. Aufl., Berlin und Frankfurt 1957
(zit.: v. Mangoldt / Klein, GG)

Mattern, Karl-Heinz: Petitionsrecht. In: GR II, 623 - 639

Maunz, Theodor / Günter *Dürig* / Roman *Herzog* / Rupert *Scholz:* Grundgesetz, Kommentar, Bd. 1 und 3, München 1958 ff.
(zit.: Maunz / Dürig, GG)

Maunz, Theodor / Bruno *Schmidt-Bleibtreu* / Franz *Klein* / Gerhard *Ulsamer:* Kommentar zum Bundesverfassungsgerichtsgesetz, München 1964 ff.
(zit.: Maunz / Schmidt-Bleibtreu, BVerfGG)

Maurer, Hartmut: Allgemeines Verwaltungsrecht, 2. Aufl., München 1982

Meyer, Hans / Hermann *Borgs-Maciejewski:* Verwaltungsverfahrensgesetz, 2. Aufl., Frankfurt 1982
(zit.: Meyer / Borgs, VwVfG)

Müller, Jörg Paul: Elemente einer schweizerischen Grundrechtstheorie, Bern 1982

von Münch, Ingo: Freie Meinungsäußerung und besonderes Gewaltverhältnis. Diss. Frankfurt 1957
— Vorbemerkungen zu Art. 1 - 19 GG. In: ders. (Hrsg.), GG
— (Hrsg.): Grundgesetz-Kommentar, Bd. 1, 2. Aufl. 1981; Bd. 3, 1. Aufl. 1978, München
(zit.: von Münch, GG)

Münchener Kommentar zum Bürgerlichen Gesetzbuch, Bd. 1, Allgemeiner Teil, München 1978
(zit.: MünchKomm)

von Mutius, Albert: Grundrechtsfähigkeit. In: Jura 1983, 30 - 42
— Erl. zu Art. 19 Abs. 3 GG. In: BK

Neumann, Franz L. / Hans Carl *Nipperdey* / Ulrich *Scheuner* (Hrsg.): Die Grundrechte, Bd. II, Berlin 1954
(zit.: GR II)

Oehler, Dietrich: Postgeheimnis. In: GR II, 605 - 622

Ossenbühl, Fritz: Das elterliche Erziehungsrecht im Sinne des Grundgesetzes. Berlin 1981

Palandt, Otto: Bürgerliches Gesetzbuch, 42. Aufl., München 1983
(zit.: Palandt, BGB)

Perschel, Wolfgang: Die Meinungsfreiheit des Schülers. Berlin und Neuwied 1962

Pestalozza, Christian: Verfassungsprozeßrecht, 2. Aufl., München 1982

Peters, Hans: Elternrecht, Erziehung, Bildung und Schule. In: GR II, 369 - 445

Peters, Karl: Strafprozeß, 3. Aufl., Heidelberg und Karlsruhe 1981

Rauball, Reinhard: Erl. zu Art. 103. In: von Münch, GG

Redeker, Konrad / Hans-Joachim *von Oertzen:* Verwaltungsgerichtsordnung, 7. Aufl., Stuttgart 1981
(zit.: Redeker / von Oertzen, VerwGO)

Reuter, Dieter: Die Grundrechtsmündigkeit — Problem oder Scheinproblem? In: FamRZ 1969, 622 - 625

— Kindesgrundrechte und elterliche Gewalt. Berlin 1968

Ridder, Helmut K. J.: Meinungsfreiheit. In: GR II, 243 - 290

Röhl, Hellmut: Prozeßfähigkeit Geisteskranker. In: JZ 1956, 309 - 313

Rosenberg, Leo / Karl Heinz *Schwab:* Zivilprozeßrecht, 13. Aufl., München 1981

Rother, Werner: Grundsatz-Kommentar zum Bürgerlichen Gesetzbuch, Allgemeiner Teil, 2. Aufl., Heidelberg/Karlsruhe 1979

Rüping, Hinrich: Erl. zu Art. 103 GG. In: BK (hier: 1980)

Saage, Erwin / Horst *Göppinger:* Freiheitsentziehung und Unterbringung, 2. Aufl., München 1975

Schmidt, Walter: Die Freiheit vor dem Gesetz. Zur Auslegung des Art. 2 Abs. 1 des Grundgesetzes. In: AöR 91 (1966), 42 - 85
(zit.: Die Freiheit vor dem Gesetz)

Schmidt-Bleibtreu, Bruno: Erl. zu § 90 BVerfGG. In: Maunz / Schmidt-Bleibtreu, BVerfGG, München 1964 ff. (hier: 1979)

Scholler, Heinrich / Siegfried *Broß:* Verfassungs- und Verwaltungsprozeßrecht, Bonn: Stollfuß 1980

Scholz, Rupert: Erläuterungen zu Art. 9. In: Maunz / Dürig, GG (hier: 1979)

Schuler, Andrea Hans: Die Verfassungsbeschwerde nach schweizerischem, deutschem und österreichischem Recht. In: JöR NF Bd. 19 (1970), 129 - 199

Schultze-von Lasaulx, Hermann: Erl. zu § 1. In: Soergel, BGB

Soergel, Theodor / Wolfgang *Siebert:* Bürgerliches Gesetzbuch mit Einführungsgesetz und Nebengesetzen, 11. Aufl., Bd. 1, Stand 1978; Bd. 6, Stand 1981; Stuttgart etc.
(zit.: Soergel, BGB)

Spanner, Hans: Das Bundesverfassungsgericht. München 1972

Staudinger: Kommentar zum Bürgerlichen Gesetzbuch, Bd. 1, 12. Aufl., Berlin 1980.
(zit.: Staudinger, BGB)

Stein, Ekkehart: Staatsrecht, 8. Aufl., Tübingen 1982

Stelkens, Paul / Heinz J. *Bonk* / Klaus *Leonhardt:* Verwaltungsverfahrensgesetz. München 1978
(zit.: Stelkens u. a., VwVfG)

Stern, Klaus: Das Staatsrecht der Bundesrepublik Deutschland, Bd. II, München 1980

Ule, Carl Hermann: Verwaltungsprozeßrecht, 8. Aufl., München 1983

Ule, Carl Hermann / Hans-Werner *Laubinger:* Verwaltungsverfahrensrecht, 2. Aufl., Köln etc. 1979
(zit.: Ule / Laubinger, VwVfG)

Westermann, Harry: Erl. zu § 1. In: Erman, BGB

Wolf, Ernst: Allgemeiner Teil des bürgerlichen Rechts, 3. Aufl., Köln etc. 1982

Wolf, Ernst / Hans *Naujoks:* Anfang und Ende der Rechtsfähigkeit des Menschen. Frankfurt 1955

Wolff, Hans-Julius / Otto *Bachof:* Verwaltungsrecht, Bd. III, 4. Aufl., München 1978

Zenz, Gisela: Kindeswohl und Selbstbestimmung, in: Evelyn Kühn und Ingrid Tourneau (Hrsg.), Familienrechtsreform — Chance einer besseren Wirklichkeit? Gieseking 1978

Zippelius, Reinhold: Erl. zu Art. 1 GG. In: BK (hier: 1966)

Zuck, Rüdiger: Die Verfassungsbeschwerde. München 1973

Printed by Libri Plureos GmbH
in Hamburg, Germany